U0319616

高高 BOOKS

不吼不叫

淡定教养

实战笔记

吴蕙名 著

化学工业出版社

·北京·

原繁体版书名：《不再秒崩溃！不大吼大叫的淡定教養法》，作者：吴蕙名

ISBN：978-986-99852-0-8

本书中文简体字版通过成都天鸢文化传播有限公司代理，出色文化事业出版社授予高高国际文化传媒有限责任公司经由化学工业出版社有限公司出版发行。

本书仅限在中国内地（大陆）销售，不得销往中国香港、澳门和台湾地区。未经许可，不得以任何方式复制或抄袭本书的任何部分，违者必究。

北京市版权局著作权合同登记号：01-2023-1340

图书在版编目（CIP）数据

不吼不叫淡定教养实战笔记 / 吴蕙名著. —北京：
化学工业出版社，2022.9
ISBN 978-7-122-41772-5

Ⅰ. ①不… Ⅱ. ①吴… Ⅲ. ①家庭教育 Ⅳ. ①G78

中国版本图书馆CIP数据核字(2022)第113863号

责任编辑：邵轶然　　　　　　　装帧设计：高高国际
责任校对：边　涛

出版发行：化学工业出版社（北京市东城区青年湖南街13号　邮政编码100011）
印　　装：三河市双峰印刷装订有限公司
880mm×1230mm　1/32　印张9¾　字数100千字　2023年7月北京第1版第1次印刷

购书咨询：010-64518888　　　　售后服务：010-64518899
网　　址：http://www.cip.com.cn
凡购买本书，如有缺损质量问题，本社销售中心负责调换。

定　　价：68.00元　　　　　　　　　　　　版权所有　违者必究

淡定教养解方

——与孩子共同面向平静之海

"教养"二字可以解释为教育培养下一代之意，但如果我们回头去看甲骨文"教"字的起源，"教"字的左上方是一个"爻"，爻可以说是古代的算盘，"教"字的左下方是一个"子"字，一望即知其义；而"教"字的右方，是由手执鞭或杖的象形字演化而来，所以"教"字的意思，用现代的话说，就是拿着藤条教小孩算术！"养"字的起源也是以手持鞭而牧羊，对照旧时观念而言，教养似乎是要严肃地板起脸，拿起鞭子，指导儿童的学习与方向。虽然已经到了 21 世纪，仍然可以看到很多家庭不假思索地继承着这样的观念，许许多多的冲突就如自动化生产过程般逐渐衍生，恶性循环的结果，父母与子女一起在彼此共同积蓄的情绪汪洋中浮沉、失措、困惑，然后迷失成为孤岛，不再相遇。

我们当然不希望变成孤岛。但是若要在这情绪汪洋当中找到一个方向，让父母子女都不被淹没、不会迷失，得先问一个关键问题：作为教育培养的教养，究竟我们要培育孩子最重要的部分是什么？是每天刷牙洗脸吗？是成绩名列前茅吗？还是乖巧有礼貌？可能都不是。现代的发展心理学与临床医学的经验告诉我们，其实最重要的是培养孩子的复原力。复原力是个人面对创伤或逆境能够正向适应的过程，无论我们作为一个怎么样的人，一定都会遇到逆境或创伤，如果能够正向适应，我们就有机会再出发。然而，复原力的关键在于关系，良好的亲子关系提供了复原力滋长的基础。那么什么才是良好的关系呢？研究指出，如果亲子之间能在适当规范与温暖支持之间取得平衡，良好的关系就有机会建立起来。

对大多数父母或照顾者来说，最困窘的就是如何在这情绪汪洋中，找到规范与温暖之间的平衡，经常不是失之于暴烈就是过之于退却。现在，这个困难有了一个解方。风格迥异于其他教养书籍，吴蕙名老师从自己的亲子互动经验与逆境创伤出发，结合专业训练背景与助人历程，凝练出这本著作，让父母理解如何不再大吼大叫，不再在情绪汪洋中失控，从认识自己出发，一步步以具体可行的亲职实战技巧，引领父母们找到规范与温暖之间的平衡，重建倾颓的关系。吴蕙名老师的省力教养金字塔让这本书仿佛成了亲子情绪汪洋中的救生艇。如果作为父母或照顾者的你，面对着与孩子之间的情绪汪洋不知如何是好，充满困惑、挫折、不安、愤怒或自责，建议你登上吴蕙名老师的救生艇，在疫病与混乱世界中，一起航向亲子的平静之海。

刘弘仁

中国台湾台北市关渡医院身心科主任
中国台湾儿童青少年精神医学会监事
中国台湾儿童青少年发展障碍学会秘书长

推荐序 2

细节，让家长管教更省力

这本书的最大特色，就是结合了理论及实作的"实战经验"，不是光有理论陈述而忽略有效的操作细节！

我和本书作者吴蕙名相识多年，她真的很不容易，虽然曾任外资公司高级主管，在事业上有卓越表现，但为了好好抚育出了状况的孩子，愿意放弃事业光环，拉下面子，趴在地上，于教养领域中，从头慢慢学起。

以旁观者的角度来看，过程中，吴蕙名把种种努力、牺牲幻化成力量，不仅疗愈了自己，也弥补了过去为生存打拼而没好好陪伴孩子的遗憾。因为走过辛苦的岁月，才能淬炼出专业实用的教养法则。相信书上的各种实战对策，可以帮助父母跨过"知道却做不到"的管教难关。

我很欣赏这本书的几个方面。

一、架构清晰、好依循的"省力教养金字塔"

省力教养金字塔共分为四个阶段：建立良好关系、互动时机评估、淡定养成术、教养工具大补帖。我很推荐父母参考书上细腻的操作方法，尤其十四项亲子共好教养工具，不仅可以提高管教功力，还可以让你在引导很有主见的孩子时更省时省力。

二、明确的策略及操作方法

书中对于教养方法描述翔实，让忙碌的父母可按图索骥，很容易上手，对于经常加班的家长来说，是实用的教养说明手册。

三、说服力

作者抛开职场光环，由零开始重新学习如何当个好家长，如何与有情感障碍的孩子和平共处，通过亲身"实战经验"，道出许多"蜡烛两头烧"的父母的纠结心声。

四、乐意分享的热情

作者无私地公开自身在教养上的惨痛经验，并转换成协助、关注、教育爸妈的养分，相信在她真切坦诚的文字中，多少会看到你想说又不方便说的感受及想法。

五、养育一般小孩和特殊需求小孩都适用的教养书

近年来特殊需求小孩越来越多，作者因抚育这类孩子的亲身体验，特别提出教养特殊需求小孩的成功概念，就是必须结合"一般孩子的教养原则"和"特殊需求小孩的特质或限制"来管教。

作者贴心地在书中某些章节后面，刻意加上"针对特殊需求小孩"的必胜管教秘诀，让家有此类孩子的父母，可较有效地做到亲子共好的教养。

育儿大不易，身为特殊需求小孩的家长更是艰辛，希望书上实验成功的心得，可协助这些父母找到较不费力的教养方式。

我的身份是理事长也是家长，由衷期待所有父母的用心和努力都可得到相对应的回馈。为了这目标，不断学习是必要的，建议家长们要多吸收教养知识，通过演讲或书籍等方式皆可，而《不吼不叫淡定教养实战笔记》一书，就是不错的法宝秘籍。

罗英弘

中国台湾新北市家长联合会理事长

孩子是从你身上射出的生命之箭

继《暴走小孩，淡定父母：与特殊孩子的情绪共舞》一书出版后，这是作者蕙名与孩子共舞的又一本好书，曲终人未散，脚步随音乐再起，共谱共创和谐的动人舞曲！就如作者所言："教养过程仿佛在跳亲子双人舞，有弹性、再学习、转化、蜕变是必然的，一旦抓到亲子都可接受的节奏，自然就可轻松跳出精彩的舞蹈。"

我在家庭教育专业人员学分专班与蕙名相遇相识，看她一个女性主管愿意从职场高峰退下，选择陪伴守候特殊需求的孩子，特别是独自完成"拯救孩子"的冒险任务，真是十分敬佩与动容。最难得的是，她一直在心理学及家庭教育学相关领域努力进修与谦卑学习，直到与孩子并肩作战，直到与孩子双人共舞，单单这一点就值得敬重与佩服！

高质量的亲子关系是一切教养的出发点。父母陪孩子成长，孩子也陪父母成长，彼此互为不断发展中的生命主体。德国教育哲学家雅斯贝尔斯（Karl Jaspers）曾说"To be a man is to become a man"，用在亲职角色上就是一个不断学习养成的过程，因此可以说是"To be a parent is to become a parent"。作者在成为母职角色的路上，集结二十多年的教养实战经验，不仅是个称职的母亲，还能带给其他家长一套完整的学习指南，对正处在亲子教养难题中的父母而言真是一大福音。

　　很欣赏作者在自序中所提的：一是"教养是一辈子的事，就像盖楼房，必须先打好扎实的地基，才能盖出大楼"；二是"要成功教养特殊需求小孩，必须结合'一般孩子的教养原则'和'特殊需求小孩的特质或限制'"。作者在书中以四章巧妙整理出省力教养金字塔四大原则，包括：建立良好关系、互动时机评估、淡定养成术和教养工具大补帖。第1、3、4章援引明确的实战对策，从问题意识出发，到经验解析及步骤演练，将许多看似复杂的弯岔路整理出简易可行的路径；第2章则提供了许多必胜小秘诀，可帮助读者认识情绪对教养的重要性，并打下自我情绪管理的基础。

　　纪伯伦于《先知》一书中提到："你的孩子不是你的，他们是'生命'的子女，是生命自身的渴望。他们经你而生，但非出自你，他们虽然和你在一起，却不属于你。你可以给他们爱，但别把你的思想也给他们，因为他们有自己的思想……你好比一张弓，孩子是从你身上射出的生命之箭。弓箭手看见无穷路径上的箭靶，于是他大力拉弯你这张弓，希望他的箭能射得又快又远。"每个孩子都是上天给予我们的礼物和祝福，每一个生命个体也都是独一无二的，当许多父母需要付出特别的心力在教养特别需求孩子上时，相信蕙名的这本书会帮助并激励他们，不仅要反败为胜，还要得胜有余！

潘荣吉

中国台湾辅仁大学儿童与家庭学系助理教授

兼家庭教育专业人员认证班召集人

如共舞般愉快和谐的亲子关系

首先，要欢迎追求亲子幸福的家长们一起同行，让我们互相提醒、彼此鼓励、相互支持，共同走向心中专属温馨甜蜜的家！

教育子女是父母的天职，但是，我们大人都没修过家长课的学分，教养过程都是边做、边摸索、边修正，其中往往充斥着担忧、害怕、迷惘、无助，甚至是惊吓等感受。

想要拥有温馨的亲子关系，必须平衡双方的需求及感受，在共好的境界中，才能长长久久地提供有质量的陪伴。这真的是艺术，没有标准答案，因父母和孩子的个性不同，有效的策略也随之而异。

另外，子女会不断长大，本事也持续进化，所以父母要有自觉地跟随子女的成长，调整自己的管教方式。教养过程就仿佛在跳亲子双人舞，有弹性、再学习、转化、蜕变是必然的，一旦抓到亲子都可接受的节奏，自然就可轻松跳出精彩的舞蹈。

为了找到适切的共舞节奏，曾是职场女强人和单亲妈妈的我伤透脑筋，一面为生存打拼，一面还要摸索抚养独子的方法，"蜡烛两头烧"的日子真的不好过。

我原以为只要孩子长大了，这些问题都会迎刃而解，没料到老天为我安排的人生，是如同心电图般的上下巨幅震荡……

儿子六岁时，被医生确诊有 ADD[①]，犹记得当时瞬间由天堂掉到地狱的惊慌失措甚至恐慌。我觉得自己像一只小舟被狂风暴雨扫过，在波涛滚滚的茫茫大海中漂荡着，不但失去了航行的方向，更随时有翻覆的可能，我必须用尽全力稳住自己，以求继续存活。

另一方面，因害怕孩子被贴标签而遭排斥，我对谁都不敢提及这件事，只能心惊胆战地每天躲在棉被中以泪洗面。虽然感到自己已由熊熊大火逐渐熄灭成小烛火，但心中却很笃定——只要我还活着，一定会护儿子周全。

原本以为老天对我开的玩笑到此为止，谁知这仅是开端。

往后的几年中，我陆续发现儿子竟然还有抽动秽语综合征[②]、

---

① ADD：注意障碍。
② 抽动秽语综合征：亦称妥瑞氏综合征，是一种非常严重的痉挛疾病，包括运动痉挛，声音痉挛以及综合痉挛。——编注

强迫症，虽然有专家介入治疗，但日常生活中的困扰仍很多。直到儿子上初三时，才被鉴定出患有阿斯佩格综合征，而在学校的特殊教育学生鉴定类别中则归为情绪障碍。

这结果就像轰天巨雷，让由谷底艰辛地爬到半山腰的我，霎时又被打落谷底，好不容易建立起来的信心和能量，瞬间摧毁殆尽。再度趴在谷底的我，很认真地思考——接下来我到底要选择"生"还是"死"？

因放不下状况不断地孩子独活，我咬牙选择"生"！

为拯救孩子，我放弃了企业高管的位置及成为电视名嘴的机会，用尽全力在十多年间钻研与心理、教育、特教、家庭教育及身心灵安顿相关的专业知识，现在转型为"久病成良医"的家长及老师，致力于分享从生命低谷爬上来的实战经验。

回首来时路，我认领了以前每天走红地毯的自己硬生生被老天转去走水泥地的不甘心，也庆幸自己当时愿意放下前途大好的事业，现在才能看到渐渐有独立自主雏形的儿子。

那段布满无尽的挣扎、伤痕、血泪和连生病都不敢的岁月，淬炼出我的韧性，更拓展了我的处世观点。原本固执己见、雷厉风行、只在乎"绩效和数字"的我，如今转变成乐意助人、同理别人、尊重差异、包容接纳的人，连多年不见的同事都十分讶异于我的蜕变。

现在的我，可以算是快爬出谷底了。在这段艰苦万分的历程中，我终于看懂了两件事：

一、教养是一辈子的事，就像盖楼房，必须先打好扎实的地基，才能盖出大楼

虽然由地基起的建筑程序少不了，但我们可选择省力的有效教养方式，减少管教孩子时的辛苦和冲撞，进而享受更多与儿女纯粹的爱之时光。

为此，我集结二十多年百转千回的教养实战经验，发展出可建构良性亲子互动的"省力教养地图"，包含了循序渐进的四大必胜原则：建立良好关系、互动时机评估、淡定养成术及教养工具大补帖。前三大原则都属于父母"练功"的部分，而原则四是有孩子参与的"亲子共舞"技巧。若能做到这四大原则，即使孩子不能成龙成凤，我确信你仍会拥有较高质量的亲子时光，一定不会枉费你的用心良苦。孩子，是生来"爱"的，不是来让你后悔的。

二、要成功教养特殊需求小孩，必须结合"一般孩子的教养原则"和"特殊需求小孩的特质或限制"

每个人的命运都不同，总有一小部分特别"勇敢"的父母，

会养育到得花费千百倍心力来照顾的特殊需求小孩，我也是其中一个。我曾经不解为何是自己，直到听到一个说法："老天希望通过这个特别的孩子，让我找到爱。"

起初，我对这说法很不以为然，但借着想拯救孩子的努力，我意外觉察到自己未曾留意的多个侧面，更惊讶于我竟如此排斥某部分的自我，因而踏上疗愈之路。

我发现当我愿意接纳自己，爱着过去那个"笨蛋般的我"时，就有更大的包容力来接受儿子的特质，进而更易维持淡定，可温柔而坚定地引导孩子一步步走向独立自主。

我也成功跨越了初学特殊教育时总重考的关卡——不愿接受儿子的限制。那时，我常常想方设法地要"纠正"他。想当然耳，我终究输给了老天的设定。

痛定思痛后，我才悟出"成功教养特殊需求小孩的方式 = 一般孩子的教养原则＋特殊需求小孩的特质或限制"这个公式。这样修正之后，我总算迎来儿子的进步。虽然他进步的速度仍然缓慢，但整体看来是往上发展的，期待假以时日能看到儿子自食其力，完成我为人母的目标。

要提醒大家的是，许多特殊需求小孩的家长太专注于提升孩子落后的能力，却忘了无论他有什么特质，仍然是个孩子，还需要懂得社会规范。所以，教育一般孩子的常规还是不能忽略，否则会养出让旁人误解的"没教养"小孩。

我认为，即使无法改变这类孩子的天生限制，但可用替代方案来让他更靠近社会可接受的范畴，这样才有助于子女将来融入社会。

人毕竟是群体动物，很难离开社会独活，加上父母也有老去的一天，特殊需求小孩最后还是要独自面对社会。与其让他年届中年才发现自己被社会排斥，而你又可能帮不上忙了，不如从小就协助他调整。改变的时间一拉长，痛苦就可降低，父母和孩子都可较省力。

在这条永不能退休的教养路上，无论你养育的是一般孩子或特殊需求小孩，懂得如何"省力"教养都极其重要！

虽然教养是酸甜苦辣的综合体，但身为家长的最大回馈是，在陪儿女成长的过程中，有机缘用成人的眼光来看从前的自己，重新"再长大"一次，帮助自己完成过往时光中的未尽事宜。同时，父母在子女身上也能看到自己最喜欢和最厌恶的地方，这也是个审视"自己与内在自我关系"的机会，更是自我成长的契机。

这本书是继我的第一本著作《暴走小孩，淡定父母：与特殊孩子的情绪共舞》后的第二本教养书，深深感谢财团法人"中华出版基金会"杨克齐董事长的鼓励、陈纯纯社长的支持、爱玲和佩亲的用心陪伴，还有许许多多道不尽的贵人，以及时常与我互动的读者、学员、老师们，因为有你们当我的后盾，我才有继续努力的动力。

　　在此，仅带着满满的爱祝福你，于陪伴宝贝的路上，孩子可明了你的爱，你也能更爱自己！

定制孩子专属的幸福

——亲子共舞的策略选择

你家是否上演过类似以下的剧情：孩子放学回到家，妈妈就不断提醒要做功课，但孩子总是磨磨蹭蹭不去写。眼看睡觉时间快到了，妈妈忍不住开始盯着孩子写功课。孩子先是不耐烦，接着丢笔、丢橡皮擦闹脾气，最后则眼眶含泪说："我手酸，我不要写。"妈妈一听，瞬间火冒三丈地一巴掌打下去，小孩更是放声大哭。结果，孩子作业没写完又晚睡，妈妈感到无奈恼怒，孩子觉得委屈伤心……

妈妈心想：如果孩子能乖乖听话，不想见的事情都不会发生，同时，她也很担心子女因拖拖拉拉而耽误正事的习性若不改，将来必定会吃大亏。可是，再怎么苦口婆心，孩子依然故我，妈妈困扰不已，不知道到底该怎么管教孩子才好。

其实，教养过程就像亲子在跳双人舞，担任主动者的父母所选用的引导策略，会直接影响到宝贝对世界和对自己的观点，进而形塑出相关的心态、行为与生活方式。若希望实现孩子成为人中龙凤的终极愿望，你必须通过现在的教养策略，在适当的双人舞节奏中，激发出孩子的天赋与自信，定制出子女专属的成功、幸福！

然而，没有人天生就知道如何扮演好家长的角色。我在一堂专业训练的课程中，和心理师同学讨论当妈妈的经验。她们表示，虽因受过训练而比较会倾听、同理，但每天还是为养育孩子而感到焦虑、忙到七荤八素，尚在努力学习如何成为更理想的妈妈。连受过专业训练的人在教养时都手忙脚乱了，根本没上过家长专修班的父母，面临手足无措的境遇自然是在所难免了！

所谓成功的教养，是在孩子年幼时亲密照顾，当他长大后便适时放手。所以当孩子渐渐长大、养成更多能力时，为人父母者便得跟着子女的身心状态，调整管教策略与态度。

随着孩子逐日成长，有些家长才赫然发现，自己的宝贝竟然有类似阿斯佩格综合征、儿童多动症、抽动秽语综合征、强迫症等的特质，或被诊断是患有以上病症的特殊需求孩童，需要花费十倍甚至百倍以上的心力和时间来照料。与此同时，父母还要面临现实生活的种种压力，因而在这条永远不能离开且没有标准答案的教养路上，感到疲于奔命、力不从心。

时间精力都有限，又想给孩子最好的，该怎么做才好？

我也曾陷入这样的迷惘，经过十多年的学习、摸索，我发现教养是亲子二人互动的连续性反应，父母给出辅导方向，孩子会有相对的反应，进而形成现在的亲子关系样貌。

孩子虽然是父母生的，但他仍是一个独立个体，就像我们也不见得认同父母的观点，所以子女无论年龄大小，都必定会有与你不同的想法和价值观，这就是他"不听话"的关键原因。

要孩子听话，这过程有点类似让别人顺从你的指令，你可采用的模式大致分成两类：互相合作的双人舞策略，以及高压防堵的警察抓小偷策略。你所做的选择，将决定你们亲子的人生是彩色还是黑白的，这条教养路上是欢乐多还是苦楚多。

由此，我发展出一套有效的教养方法——省力教养图，也把其中的部分策略分享给许多家长与老师，他们的回馈都是正向的。无论年龄大小或是否为特殊需求孩子，孩子在学习和与父母的关系上都获得了改善，建议你也来试试看！

一、建构良性亲子互动的"省力教养图"

先谈谈第一步的策略选择。如果你采用传统的命令、高压管教方式，每天与孩子过着"警察抓小偷"的日子，即使已用一长串规范来吓阻小偷的不良行为，只要你不在岗位上，伺机而动的小偷就会趁机出来作乱。

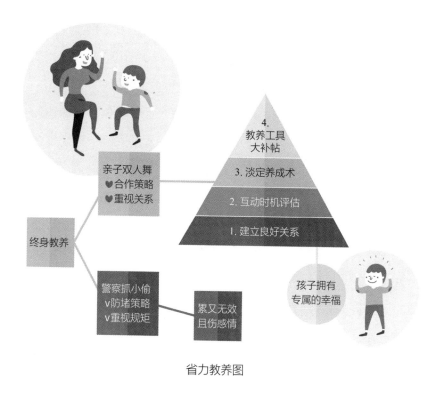

亲子双人舞
♥合作策略
♥重视关系

终身教养

警察抓小偷
v防堵策略
v重视规矩

累又无效
且伤感情

4.
教养工具
大补帖

3. 淡定养成术

2. 互动时机评估

1. 建立良好关系

孩子拥有
专属的幸福

省力教养图

　　再者，警察因不信任小偷，所以要经常巡逻察看，如此一来，担任警察的家长就没时间做自己想做的事，还要常处在戒备状态中，不仅很累，教养的效能也不佳，更别提每况愈下的亲子关系了。所以"警察抓小偷"的高压教养策略，短期内貌似有效，事实上是两败俱伤的无底洞。

　　如果你采取的是"亲子双人舞"策略，也就是把亲子视为拥有不同想法的独立个体，以如同跳双人舞的模式来互动，这时，若想跳出美妙的舞蹈，就得寻找双方合作无间的共舞节奏。所以，要让孩子听话的关键点就是：让子女愿意合作！在他／她心甘情愿的协力下，你的教养自然会省力许多！

如何才能让孩子愿意配合你呢？

通过省力教养金字塔的层层稳固地基，就能更轻松地建构出良性顺畅的亲子互动，稍后我会进一步解释"省力教养金字塔"的细节。

在练好"金字塔"的四项基本功之后，在正式与子共舞时，父母也别忘了要抱着平等、尊重、理解、随时调整的心态，并时时观察自己的内心。于双方共好的节奏中，负责引导的你无须委屈、妥协，而跟随的孩子也有安全、明确的依归可循。

更重要的是，你的教养策略会"塑造"出孩子将来的人际关系、处世能力、价值观、自信心，进一步决定他此生是否能成功幸福，所以要慎选你的管教方式！

二、省力教养金字塔的神救援

"我家小孩小时候很乖，怎么长大就变坏了？现在即使我说破了嘴，他还是不听话，如果我来硬的，他就跟我吵架或阳奉阴违，真是气死我了！"

大部分家长都会遇到类似以上的情形，当小孩越来越大，除了不听从父母的指令外，连以前有效的管教方法也不管用了，让父母很烧脑。尤其孩子进入青春期之后，这状况更是明显。

为什么乖巧的小孩长大后会变叛逆？

其实，孩子成长后，会与父母不同调是正常的，因为他正在发展独特的自我。尤其在小学四年级至六年级甚至更早时，小孩便渐渐由儿童期迈入青春期，出现自我中心的现象，认为自己的想法与众不同，父母不会理解，同时也觉得自己拥有无比的抗争力：在同样情况下，别人都会出事，唯独他可安然无恙。因而，他们年龄越大越坚持己见，越不听从父母的劝诫。

让父母忧心的是，即使允许孩子做自己，但他思维不周全而常常会闯祸，最后还是要家长帮忙善后，所以父母很难完全放手。要兼顾安全和给孩子自由的教养，真是两难。

如果孩子永远像儿时一样听话，对父母来说，现阶段确实是省事的；但另一方面，这也代表孩子不会思考、不肯自我负责，将来很可能无法独立自主，变成啃老族。你想养育这样的孩子一辈子吗？

若不愿意，就得在孩子萌发个人意志、和你看法不同时，给他空间去摸索、跌倒、修正，让他有机会去验证想法，以确立自己是可以的。如此，他才可以获得自信和求生能力，最后成为一个有肩膀、有本事创造幸福的人。

可是，极度疼爱小孩的父母往往过不了这一关，因为自孩子出生起，他们就用尽全力保护孩子，早已习惯主动安排他的生活。倘若这类父母没觉知自己要随着孩子长大而逐步退出他的人生，在孩子不听话时，就会反射性地把他抓得更紧，导致想做自己的孩子会出于防卫而把父母推得更远。从此，双方就开始演起官兵抓强盗的戏码，亲子关系自然就越来越疏远。某种程度来说，这是因为父母不相信孩子的能力。

教养，真的要这么辛苦吗？

事实上，家长只要做到一点，就可轻松让孩子乖乖听话，那就是先让孩子愿意合作。在神队友的配合下，忙碌的父母就能省下许多时间、精力，达成有效教养了。

该怎么做？

只要掌握"省力教养金字塔"的四大原则，就能轻松做到。

省力教养金字塔

1. 建立良好关系

目的是累积"爱的存款"，以在将来亲子冲突时有积蓄可提领。因为小孩会对喜欢的人较好，也会想做出令对方开心的事情，如果你能和孩子拥有良好关系，他会为了维持这相处的温度，希望你继续爱他，而愿意委屈自己，放弃个人意志，来配合你的指令。另一方面，好的关系会带来信任，有这样的基础，才能减少子女对抗的频率及力道，加速教养的成效。而且，人会对和自己关系好的人较宽容，在这友好的关系下，你对子女的包容度也会变大，如此一来，双方争执的次数和强度都会降低。

2. 互动时机评估

理性及接纳的行为，是正常身心合作的产物，因此聪明的爸妈想教育孩子时，记得要选择对于亲子双方而言都"正确"的时机点，才会省力又有效。因为即使亲子拥有不错的关系，若遇到不对的时机，子女依然无法配合你的指令。有时，教养策略无效是因为你或孩子尚未准备好，例如，小孩常因没睡醒、太累、生病而脾气变坏，他心情已经很差了，若你还要求他做一件费力或让他不太舒服的事情，他会很容易反抗；相反，假如你在孩子心情好时提出要求，说不定他就肯乖乖配合了。再者，假使你是在疲惫或着急时要求孩子做事，他很可能会因抗拒你的焦躁口气而不愿听话，所以千万不能省略评估时机这个要点。

3. 淡定养成术

淡定心态是所有良好关系的基础，也是幸福人生的保证。但是，我们往往会受外在事件影响而产生各种心情，加上人与人的情绪会相互影响，因而导致沟通失败。在亲子双人舞中扮演引导者的家长，要先调整到平稳心态，再用自身的稳定来协助孩子处在平静中，因为在彼此身心状态都正常的前提下，管教效果是最大的。

掌管我们通盘思考、做决定、情绪调节、同理心、道德批判等功能的理性脑，一般约在二十五岁才会发展成熟，换句话说，在这之前，倘若孩子做出不合理的行为，有些因素是源自此——不见得是他故意的，只是他能力尚且不足。

因此在子女二十五岁前，家长要设法先稳住自己的心情，不要被小孩激怒，才可让教养发挥功效。更何况在交流时，孩子会先注意到父母高昂的情绪，而非父母所说的话，这现象在特殊需求孩子身上或孩子越小时会越明显。所以想要孩子听你的话，自己必须先处在平稳的状态下，以淡定的口吻，具体明确告知你的要求，才能让小孩把你的指令听进去。不然，他一听到你高亢、带威胁的口气，就会感到危险，而直觉地想逃或对抗，并"关上"耳朵，完全听不到你的指引。

这个步骤挑战的是父母在"蜡烛两头烧"的生活中，如何能安顿自己焦躁的心，让能力与创意充分发挥功效。多年实践下来，我觉得这更像"修行"，修的是我的千头万绪及不合理期待。

4. 教养工具大补帖

因每个人的个性和期待都不同，加上又有亲子适配性的变量，所以很难有全世界通用的教养计策，家长要准备丰富的策略，才能见招拆招，时时维持在有效能的管教中。在这项要点中，我会提供许多招数，目的是抛砖引玉，希望以我多年实践有效的方法，激发你想出更多自己愿意做、方便做且更适合你家的方式。

我的成功经验是，先试试别人的方法，再调整为自己与孩子都感到比较舒服的模式，建议你也试试看！

建立良好关系、互动时机评估、淡定养成术这三项，须从父母这边开始发动。在基础打好后，再搭配各种教养工具的加持，就可在亲子双赢的情况下，让孩子甘愿配合父母的指令，如此一来，自然可达到省力教养的目标。

有些人可能会纳闷：为什么大部分的调整都是从家长

开始？

这是因为父母的经历与能力皆远高于孩子，在跳亲子双人舞时，理所当然应居于主导者的位置，承担大部分的引领工作。

孩子跳不好是天经地义，我们也是这样长大的。子女跳不好的原因，可能是心情不好、生理不适或发育不全、真的不会，或者行为观念需矫正，所以负责引导的父母须先把自己的心态调适到淡定，才能看清小孩哪里需要帮忙，并给予适当的协助。

重点是，家长采用的方法要是孩子可以接受的，不然，光是亲子间的拉扯，就足以耗损掉你大部分的宝贵能量了。然而，每位父母与孩子的个性皆不同，很难有适用于所有人的教养法，因此建议先尝试各种不同的教养策略，借此筛选出有效的方法，在这过程中，也许还能激发出更多的教育创意策略。

三、当家有特殊需求小孩

如果你的小孩特别固执、冲动、难以专注、幼稚、白目①，或是患有自闭症、儿童多动症、抽动秽语综合征、情感障碍等的特殊需求小孩，因为他们先天上某方面能力比较弱，需要很长的学习时间，所以训练一年以上算是正常的。有时，即使在

————————————

① 白目：闽南语，即缺心眼、没眼力见儿。——编注

多年的教导后，他们也只有微乎其微的转变，因而让父母很气馁。

我也有这样的经验，但在咬牙坚持下，我终于找到了教养特殊需求小孩的有效原则（公式）。同时，在教育这些孩子的过程中，我也觉察到从播种到发芽的时间不一，耐心等候是必要的。

在十多年的亲身经验与辅导家长的历程中，我有很深的感触：若想好好抚育这类子女，"臣服"和"持续学习"是不可或缺的精神食粮。

总之，许多家长会明了到，孩子并不如期待的完美。若你愿成全、辅导子女，孩子将会拥有他专属的幸福人生，而你，也不愧为人父母了！

目 录

2

让孩子听话的必胜原则二

互动时机评估

3

让孩子听话的必胜原则三

淡定养成术

4 让孩子听话的必胜原则四
教养工具大补帖

1

让孩子听话的必胜原则一

建立良好关系

大部分家长在孩子出生前，会想象将来如何与他亲密互动，但这美梦往往从他出生后就开始破灭。父母可能会惊觉到，小孩的看法、举止怎么跟自己想的不一样，有的孩子甚至很爱唱反调，让家长头痛不已。

　　然而，日子还是要过下去，又不能把不听话的孩子塞回肚子里，那么该怎么办呢？若想釜底抽薪、彻底解决这样的难题，建议你从"建立良好关系"着手。

　　请你先想一下：

　　Q1. 谁在平日对你很好？

　　Q2. 想到他时，你的心情如何？

　　Q3. 如果他做出让你生气的事，你会不会因为想维持两人的良好关系，而不跟他计较？

Q4. 假使同一件事是你讨厌的人做的，你会不会义正词严地和他理论，想讨回公道？

一般人都会对与自己关系好的人较为包容，你的孩子也一样。

在日常生活中，如果能让孩子感受到你的关爱，一点一滴在爱的银行中储蓄"爱的存款"，将来面临管教冲突时，孩子会为了想要你继续对他好，而主动要自己忍耐，来配合你的要求。因为你过去在爱的银行中存了很多爱，现在就有足够的爱款可以提领，让孩子甘愿牺牲自我意志，服服帖帖地听你的话。

想提醒的是，当你责骂孩子时，他因感到威胁、不安全，会将你误认成要伤害他的敌人，然后从自我保护的角度来理解你，很容易把你的指引曲解为操控，接着用关上耳朵、拒绝沟通的防卫姿态来响应你。

倘若你因太忙、太累或没耐心，而一味地用高压手段来让小孩听话，虽然当下他表现出服从模样，但他内心其实是不服气的。过了几年，等他更有能力时，就会开始反抗你，青春期的叛逆就是常见案例。

● 过来人老实说

没存款就没钱用，这是很残酷的现实。

为了生存，单亲妈妈的我以前不懂要储蓄"爱的存款"，一心将生存、赚钱摆在第一位，并把孩子的养育完全外包。我真正开始带儿子时，他已经进入青春期了。由于我们在爱的银行中几乎零存款，所以当我要求孩子放弃他不成熟的做法时，他就奋力与我争吵，最后导致因扰民警察半夜上门盘查的难堪窘境，这是我做梦都想不到的事情。

高傲的我，被此羞愧万分的事件完全打趴在地，后来还罹患惊恐障碍。我痛定思痛，我真的受够了，不想再经历这般困窘，才开启一连串自我改变的历程。

在专业知识的引导下，我看到无知的自己给孩子许多残酷的对待。在历经数不清的惊吓及歉疚后，我更坚定要洗心革面的决心。觉察，是成长改变的开始。我学习先安抚自己不安的心，而非去怪罪孩子的不是，并不断调整与儿子的沟通方式。

这一连串行动是需要突破舒适圈的，过程中的不舒服是必然的。其实，要风雨无阻地持续十年以上的学习，是很辛苦的事；要立即将刚学到的新知运用在亲子互动上，更是需要极大动力的支撑。

我经常面临实验失败，被儿子指着鼻子不屑地严厉批判说："别再拿你学到的歪理来对我！"那时，我感受到生气、丢脸、没自尊、伤心、挫败、惶恐、无力、茫然等种种复杂心情，更怀疑自己是不是太傻了：牺牲休假，花钱、花时间地努力学习，却换来这样不堪的处境，如果我不这么用力，日子会不会好过些？

但在日益剧烈的亲子冲突压力下，我没有放弃的本钱，实在是因为不想再经历两败俱伤的悲剧，不得已，只好咬着牙继续学习，并强迫自己现学现卖。有尝试就有成功的机会，幸好当时没放弃，随着失败次数的累积，我也慢慢地摸索出一套有助于我们母子和睦相处的方法，其中最关键的基础就是"爱的存款"。接下来，我会分享一系列快速获利的爱的存钱法。

亲子交心术：同理孩子的心情

> 想和孩子和睦相处，一定要先同理他的心情，下一步才是处理事情。

大人都期望被倾听、了解、陪伴，不喜欢听到"强迫""冷漠""命令""不尊重""操控""挑剔""责备""批判""贬低""嘲讽""拒绝""欺骗"等令人不舒服的负面词语，孩子也一样。所以在教育子女时，也要尽量避免说出诸如此类的话。

然而，忙碌的家长在管教时，往往急于解决问题，却忽略了要先安抚孩子的心情。当孩子被误解，还受到你批评指责时，为了自我保护，就会"关"上耳朵，不愿听你说话，如此一来，不但造成引导无效，更拉远了亲子间的心理距离。

要如何改善亲子关系？如何才能和孩子和谐相处？

最快的方法就是采用亲子交心术——"同理孩子的心情"，

其主要目的是让彼此更理解、更靠近，而非"说服"小孩去完成你的要求。在建立关系、同理孩子的脉络下，不仅能化解恶劣关系，还可以增加爱的存款。

因为很重要，所以要再强调一次，运用这策略的原则是先关心孩子的"心情"，而非处理"事情"。

什么是"同理孩子的心情"？

简单地说，就是你说出"孩子的"内心感受，而非你自己的。心理师都知道，贴近对方的第一步，就是先表达"我知道你"。你可师法此专业技巧，来让小孩明白父母是了解他的，这样他就不用通过生气、哭闹或反抗，来表达自己的感觉了。

想提醒你的是，未满七岁的小孩控制情绪的理性脑尚在发育、功能不全，感受力强过理性思考，所以和他说道理是没用的，他听不懂。

可能有人会说："我又不是心理师，我不知道要怎么同理孩子的心情。"

以下我借由薇薇的案例，来说明亲子交心术的应用，一般家长也可依照以下步骤试试看。

该睡觉了，最近沉迷于拼图的薇薇却还想继续玩，妈妈叫她去睡，她却生气抱怨说："昨天你不让我拼，今天又不让我拼。哼！我还要拼！"

初阶版

步骤一：好奇地观察孩子的状况

仿佛你在看路上的小孩，正在辨别他是生气或开心，此刻你是没有任何期待或情绪的。

步骤二：用关心的眼神看着小孩

眼神会显露你愿意理解他的真心，也是打开沟通大门的钥匙。

步骤三：不说话

在案例中，妈妈只是打断薇薇拼图，所以薇薇此时的控诉并非事实。但妈妈必须忍住想澄清的冲动，之后再找机会解释。记住，你现在的角色是"镜子"，只会反映对方，而不会有你个人的心情。你要同理的是"孩子"现在的感觉，不是你的。

步骤四：适时点头

以点头来表示你听到孩子说的内容了，这样的响应会鼓励他说更多。很多时候，孩子生气是因为大人不听他讲话。孩子说话时，你除了点头之外，也可以用"是""嗯""喔"等字眼，来传达你"明白他"的心情。

步骤五：对孩子的情绪做出反应

这时，你说话的口气和用词都很重要，若不能和孩子的感受、想法对上焦，他就会拒绝再听你的话。因此你响应的所有内容和焦点都要集中在孩子身上，此刻说话必须用"你"来开头。

例如，妈妈可和缓地询问："你是不是很生气？"

薇薇会先愣一下，因她正在核对自己的感受。接着，她的怒气就会减轻一些，原因是妈妈和她共频了，她晓得妈妈明白她的心情。

为何妈妈要用"生气"来标示孩子的情绪？因薇薇说"哼！我还要拼"，"哼！"就是小孩的情绪线索。

没接受过专业训练的家长，虽然做不到心理师的精准分析，但至少可以区分孩子现在是生气或开心。光是以这二分法来和小孩互动，就足以安抚他的心情了，要做到并不难。

倘若孩子由于好面子或其他原因，而表现出不太认同的样子，你也不用灰心。其实，他内心仍是高兴的，他对抗的态度也会比较软化。因为他知道，你终于能了解他的感受了。此刻，你们是处在"亲子交心"状态，一般来说，这时孩子会比较愿意听从你的指令。

进阶版

步骤六：抱抱他

即使你此时无法满足孩子的需求，光是真诚地在旁陪伴，就可起到很大的安慰作用。因此你在此刻无论是抱抱他还是拍拍他的肩，都能安抚他激动的心情，还可给他支持的力量，更能表达出你了解他不能继续玩的失落。

步骤七：先说出孩子的心情，再简述事件

等薇薇身体比较柔软，也就是情绪较平缓后，妈

妈再柔声说："薇薇，你生气（心情）是不是因为拼图拼到一半被打断？（简述事件：停顿几秒，让孩子确认自己的感受，明了自己发怒的原因）可是真的太晚了，该睡了，明天我再陪你一起拼好吗？"

相信这时你会看到一位温顺的孩子。尤其小小孩或特殊需求孩子比较不会表达自己的心情，帮他说出情绪，对于他健康成长会有很大的帮助。

在进阶版中，我们运用的是"初层次同理心"的方法。人的感受通常是由许多层复杂情绪组成的，就像图1-1中的洋葱，每一层可能存在不同的心情。

进行初层次同理心时，就是在同理孩子较表层、我们看得见的情绪。其公式是：

说出孩子的心情 + 简述事件

简述事件时，可用下列字眼开头，来核对小孩的感受。

·你是不是……（复述或转换他的话）
·你觉得……

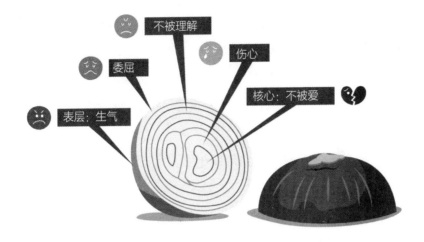

图 1-1 情绪是有反应的

· 你的意思是······

· 你是因为······

· 你有没有可能是······

· 你好像······

注意到了吗？它们都是以"你"起始，这代表父母密切关注着孩子的状态，也是能成功做到同理孩子情绪的关键点。

薇薇妈妈听完我的建议，沉思了一会儿后，问道："你说得有道理，可是我不能认同。孩子不如意就可以发脾气，这样下去，将来她的人际关系会很糟糕。"

对，不能养成孩子用发飙来逼迫别人就范的习惯。我要强调的是，同理是表达我"了解"你，而非我"认同"你的行为。进一步说，同理的目的是接纳孩子当下的情绪，让他明白"我知道你有什么心情"。此时，你看重的是孩子的心情，而不是他做对或做错。

为了做到同理孩子的情绪，你得"暂时"放下自己的心情和价值观才行。

你可能会问："什么是价值观？"

价值观是经过你比较、辨认、思考后的抉择，你会认同较有利的选项。

"怎么可以？我不能放弃我的价值观！"薇薇妈妈明显带点防卫地说。

如果你像薇薇妈妈一样一直抱持着自己的价值观，就会像戴着有色眼镜在看孩子，你将永远看不清孩子真正的心情。暂且把价值观摆一边，是为了暂时性任务，不是永远丢弃。

你更不用担心若接纳孩子的情绪他就会继续乱生气。其实，当孩子感到你了解他时，就不会这么警戒，而会慢慢地放松心防，进而打开心门和你沟通。说不定你只做到同理他的心情，就让他愿意听从你的话了。

在你担忧的背后，或许存在着"生气是没教养行为"的信念，才会不认同孩子动怒。你若不接纳自己这样做，自然也不会同意别人可以做。也就是说，你不允许自己生气，也就不会容许小孩发脾气，因而想要责备他。人的处世标准只有一套，你会把这准则应用在你和其他人身上。

事实上，在教育孩子的同时，父母也得不断调整自己的想法和做法。

小孩真正期待的是，父母能了解他、感受到他的沮丧。当你让孩子知道你懂他，才会让他觉得你们是在同一阵线，进而愿意听你的话。

专业心理师在面对和他毫无关系的个案时，因为不带情绪，所以可较轻松地暂时切断个人好恶，做到有效的同理。然而，家人间因彼此关系亲近，便会夹杂着许多心情和期待，因而比较难同理对方。

所以我们可从简易的"反映孩子的心情"做起，仅仅用二分法，说出他此刻是高兴还是生气即可。当你更习惯此做法之后，也许就能进展到更专业的初层次同理心了。

总之，想要与孩子和睦相处，一定要先接纳他的感受，下一步才是处理事情。孩子无论智力高低或年纪大小，都对"同理孩子的情绪"很买单。聪明的你，要多运用此策略来和小孩互动。

● 立刻试试看

建议你今天问问孩子最近遇到什么开心或难受的事，然后用同理孩子心情的方法来响应他，并记录下他的反应及感受。

使用过此法的家长都给了正面回馈，其中有一位七十岁的奶奶，只是对调皮的孙子说"你今天很开心／不高兴"，就他让乖乖听话了。

如果可以，也请试试初层次同理心的方法，除了可拉近亲子关系之外，还能教导孩子更清楚自己的情绪如何起伏，提升他的情商（EQ）。

● 必胜小秘诀

建立良好关系是省力教养的第一步。你可通过"同理孩子的心情"这套亲子交心术，也就是由你替孩子说出他的心情，来快速拥有信赖关系。你可能不太习惯这样的沟通方式，但为了更融洽的家庭生活，费点力是值得的！

有效的赞美法

有效的赞美可强化孩子的优良行为，促进他的成长，并增强他的自信心，让他知道父母看见也肯定了他的表现，进而增进亲子间的亲密感，累积孩子的成功经验，以及壮大他的自我价值感。

赞美，除了能表达你对孩子的认可，更可让子女产生掌控感，认为成功的钥匙是掌握在自己手中。经常称赞小孩能协助他提升自尊及自信心，增加他对你的喜爱，是一举数得的教养好策略。在我们探讨有效赞美法之前，邀请你先回答以下问题：

Q1. 请回想一位曾经肯定、赞美你的人，而这段记忆令你印象深刻，这个人是谁？

Q2. 他对你说过哪些话？

Q3. 你是否曾在受挫、想放弃时，想起这个人说的话，而愿意再努力一下？

Q4. 为什么？

我也曾问过薇薇妈妈，她的回答是：

A1. 我的闺密。

A2. 闺密曾说："我妈说，如果你的生命困境发生在我身上，我不可能像你这样坚强，还可以硬撑到现在，我真的好佩服你。"

A3. 是！

A4. 闺密说我挺得过，我应该就可以。

在这个案例中，你应该可以看到，薇薇妈妈能自发性地继续努力，其动力是源自闺密的称赞。为何闺密的话在她自我怀疑时可产生如此强大的增能力量？

因为在闺密眼中她是坚强的，所以她会不遗余力地做到百折不挠，这就是皮格马利翁效应（Pygmalion Effect）。

科普一下

一九六六年，心理学家在美国进行了一项有关教育心理的实验。研究人员先测量一批小学生的智商并记录下来，之后随机抽出 20% 的人作为实验组，然后对教师声称这组学生是"资优儿童"。

大约一年后，研究人员再针对这组学生测试智商，结果发现他们的智商增长率明显高于其他学生。原因可能是学生们被老师、家长视为资优儿童，而获得了更多的鼓励和赞美，进而提升了学习动机与自信。这个效应被称为"皮格马利翁效应"。

运用在教养上，就是"先"相信你的孩子会听话，即使他现在是不听从的，因为你看待顺从孩子和反抗孩子的眼光及态度一定不同。对于听话的孩子，你可能用带着笑意的眼神及温柔的口气交流，但面对常反抗的子女时，过去不愉快的拉扯经验也许会让你不自觉警戒起来，并以较严肃的心态来要求他。

皮格马利翁效应研究实验的结果显示，平庸的孩子在适当的赞美和认同下，竟然会有突出的表现。原因是他在大人不断的称赞和鼓励下，不仅增强了自尊和自信，也提升了学习动力，更加快了成长速度。聪明的你应可明了，赞美对孩子进步的重要性和影响力。

然而，要发挥赞美的魔法效应，必须注意以下要点：

一、赞美的目的

称赞旨在给孩子正面推力，肯定他的良好表现，鼓励他持续下去。心理学家约翰·戈特曼（John Gottman）博士指出，一次批评带给人的伤害，需要用五次的正向话语来弥补。所以家长不可不慎，要尽可能避免数落孩子。

二、赞美目标物

称赞目标就是孩子的良好表现，内容可以是他的正面特质、积极的心意或态度、"此刻"的努力（即使最后失败了）或能力等。这些表扬就是在告诉孩子："我要的是这个。"对于年纪较轻或心智年龄较小的孩子（如阿斯、自闭、多动等特殊小孩）来说，这么做更能指引他们前进的方向。

这是很关键的要点，前面提到的赞美内容，都是带领孩子通往幸福人生的必备元素。倘若薇薇妈妈说："你考了九十八分，真棒！"想讨好妈妈的孩子听了，就会误以为考高分才能赢得赞赏，他努力的目标就会变成"分数"，而非"努力"读书。如此一来，往后一考不好，他极可能就会灰心丧气。更重要的是，即使他能保持高分，也不见得能保证未来的生活一定开心。

当你夸奖的点是孩子愿意"努力"，即使他将来没考好，也会继续用努力这把钥匙来渡过难关。让子女养成"努力"的习惯，就等于送给他一辈子受用的重要能力，为人父母的我们一定要留意自己赞美孩子的重点。

三、赞美方式

赞美方式可分成直接赞美、间接赞美及自我赞美三种。

直接赞美是夸奖孩子美好的特质、态度、行为，例如："薇薇，我看到你收拾好拼图了（行为），真乖！"这样说就是让她知道妈妈很肯定这行为，日后，她会更愿意继续做下去。

要提醒你的是，赞美内容必须具体，比方说，夸奖"收拾好拼图"就是在夸奖具体表现，而不是只夸奖"你真乖"，如此笼统的说法，会让孩子搞不懂他到底哪里乖、以后要重复哪一项行为。

另一个方式是间接赞美。你可从与孩子关系密切或受他尊重的人之中，选一个适合的人来问，譬如，薇薇最喜欢音乐老师，妈妈可以说："如果音乐老师看到你主动收好拼图，你想他会怎么说？"对孩子而言，这样的称赞更具意义。

自我赞美的用意在于帮助孩子体会到"成功经验"，以增强他的自律和价值感，例如："薇薇，小花找你去公园玩，你没有立刻丢下拼图就出去，而是先收好才外出，我看到你这么做很开心，这是一件很不容易的事，你是怎么做到的？"

借由这样的问话让薇薇明白，虽然自己想马上去玩，但因为想做妈妈眼中的乖小孩，所以选择忍耐住冲动，先收好拼图才出去。这样不但能让孩子清楚自己做得很棒的地方，也加强了她的自我肯定，其自信也会随之提升。要培养孩子的自信，就是在日常生活中，通过一件件小事来逐渐建构、累积。

听我这么说，薇薇妈妈皱着眉头问："我知道要称赞小孩，但说实话，有时我真的做不到，孩子只是在做她原本该做的事，我何必夸奖她？而且，万一养出浮夸、不踏实的小孩，岂不更糟？"

我也曾这么想，但是，别忘了我们费心教养的终极目标是什么：大部分的父母应该是期待孩子成年后能过着幸福快乐的日子吧？

要达成这个理想，得先建立"孩子有自信"这个基础。况且，孩子做对时给他称赞有诸多好处，包括强化优良行为、促进成长速度、让孩子知道父母看到他并且肯定他、增加亲子间的亲密感、累积孩子的成功经验、壮大自我价值感等。所以对于这个好像不应该给的赞美，为了"强化、巩固"子女的优良行为，还是值得勉强自己说出来的。

在日常生活中，我们常常是"爱在心里口难开"，很不习惯把赞赏或爱之类的言语挂在嘴上。尤其在我们的成长过程中，受到的打骂、责罚也是多于赞美，因为自己没经历过，所以也不知道该如何夸奖小孩。

不会赞美孩子的父母该怎么办？

建议你带着侦探柯南般的态度，以好奇的眼光，用心从孩子做过的事情中，挖掘出可被肯定的点。无论是保持良好的行为、细微的进步，甚至只是停止犯错或减少做错的次数，都是值得赞扬的。

"你说的我懂，可是，我也曾赞美孩子，但看不出她有被鼓励到的样子，不知道是哪里出了错。"薇薇妈妈低头无力地说着。

这是另一个关键——赞美要有效，就不能夹带任何杂质。

也就是说，不要在夸赞后面加上另一个期待，例如："你能把拼图收好，这点很棒，不过，我希望你下次玩别的玩具时，也都要收拾好喔！"这么说会让孩子觉得家长的赞赏另有企图（要收好所有玩具），并不是真心欣赏她做对了事（收拾拼图）。

此外，附带条件的称赞也不能让孩子感受到被赞美，例如："你最懂事了，妈妈真的好忙，所以，你往后都要帮忙收拾弟弟玩过的玩具喔！"如果这么说，孩子接收到的是任务、压力，而非赞扬，因此你的话对他起不了激励作用。

── 针对特殊需求小孩

这类孩子容易注意力不集中，因此赞美他时，必须先叫他的名字，并轻拍他的肩膀，让他能注意到你在和他说话。如果可以，建议在纸上边说边写或画下来，这样更能帮助他感受到你的赞赏。别忘了，最后要好好拥抱孩子一下，以增强他对你的关心和爱的体会。

凡是人都喜欢被称赞，好话永远不嫌多的，从今天起，就大胆地持续赞美孩子吧！别忘了，也要称赞愿意这样做的自己！

── 立刻试试看

从今天开始，试着每天称赞孩子一件事情，无论是学业上的还是生活中的，并记下他的回应。你可在行事历上以符号简单记录孩子的反应，例如："〇"代表开心，"—"表示没反应，"×"表示生气。长期下来，你会发现行事历上的"〇"越来越多，你的孩子也变得更可爱了。

──● 必胜小秘诀

我们都知道"肯定"是重要的亲职技巧，也能搭起与孩子沟通的桥梁。有效的赞美，是让孩子更爱你的方式，记得要常用喔！

爱的语言

> 以孩子为焦点，投其所好，用他能"感知"到开心、被重视、被爱的方式来传递你的关怀，这样才能不断累积"爱的存款"，为亲子的感情加温。

心理学家马斯洛提出，人天生有维持融洽关系的需求，希望去爱别人，也渴望被爱。对孩子来说，赖以为生的父母就是他最期待去爱和被爱的对象，因此比孩子更有本事的我们，为了能和孩子快乐相处，记得要持续在情感账户内存款。

相信你在生活中或影片里都看过，明明很疼爱孩子的父母，却成了子女一心想逃离的人。为什么会这样？因素有很多，父母用错方法表达爱就是原因之一。

我常看到很多对孩子抱持高度期待或受日本教育影响的家长，习惯用打压、斥责的扣分管教方式，来传递他对孩子的疼爱，越关爱就骂得越凶。在这种威权教养下长大的孩子，有着既想靠近父母又生怕被伤害的矛盾心理，即使已活到四五十岁，依然还有这样冲突的感受，让人为之心酸。我坚信他的父母是深爱他的，只可惜用了孩子不觉得被爱的方法。

爱人的方式有千百种，要如何表达才能让孩子确实感受到你的真心？

针对这个问题，畅销书作家盖瑞·查普曼博士（Gary Chapman, Ph.D）提出了解答。他认为，父母想要触及孩子的心，让他体会到父母的爱，就必须采取他能觉察到的方式。因此爱的存款储蓄原则是：须以"孩子"为焦点，要投其所好，用他能"感受"到开心、被重视、被爱的方式，绝不是你自己想使用的方式，那样做只会徒劳无功。另外，爱的存款有用光的时候，所以要持续储存。

世界上没有一模一样的人，换句话说，每个人都是独特的，能感受到爱的方式也不同。盖瑞·查普曼认为，人们感觉到被爱的方式（即"爱的语言"）可分成五大类。

一、肯定的言词

肯定的言词就是赞美、鼓励，以及能给孩子正面引导的话。赞美，是针对小孩做对的事；而鼓励则是激励孩子，让他能有勇气去尝试新事物或面对挑战。无论是哪种，都能给孩子安全感及自我价值感，更可传递你在乎他的心。

在运用正面引导的话时，要和赞美一样，不要夹带条件，点到为止即可。例如，孩子去倒垃圾（**你喜欢的行为**），你要表示感谢说："谢谢你去倒垃圾，让我很省力。我真幸运，有这么棒的小孩。"千万不要命令式地说："垃圾车来了，快去倒！"这样孩子感受到的是压力，就会降低继续做下去的意愿。

二、精心的时刻

倘若孩子的爱的语言是"精心的时刻"，你就要带着愉悦、充满爱的眼神，给予孩子全心全意的关注，也就是与孩子开心地"同在"，单独和他一起做一件事。比如他玩拼图时，你关爱地陪在旁边，并鼓励他拼得好棒。

薇薇妈妈困扰地说："每天下班都好累了，还要赶着做晚饭，哪来的时间陪孩子玩呀？"

时间不够用确实是忙碌家长的难处。其实，若一回家就与孩子约定，陪他玩十五分钟就得去做饭了，先在爱的账户存一些钱，让他对你的爱不那么饥渴，他就不会一直来吵你。非常建议忙碌的你，每周和子女单独"约一次会"，一起做孩子想做的事，以迅速累积爱的存款。

三、接受礼物

礼物，会替孩子记录被爱的感受，与价格高低无关，重要的是你的"心"。有个常要到国外出差的爸爸，知道女儿最喜欢兔子，只要在外国看到兔子玩偶，就会买回来送女儿。他希望让孩子明白，爸爸因工作无法陪伴在侧，但关爱的心不变。后来，他的女儿用这些兔子的照片来做"成长记录"的作业，让他看了感动不已。

四、服务的行动

简单说，就是做平常你不会帮孩子做的事。例如，孩子快迟到了，你早已和他约法三章——准时到校是他的义务，你不会送他上学的。不巧，当天刚好是期中考，迟到不得，焦急万分的孩子红着眼眶求你载他去学校。你看到他急需帮忙，就破例送他一回。试想，倘若你是这孩子，会不会很感激父母？

五、身体的接触

如果你孩子的爱的语言是"身体的接触"，你就要常常借由触碰身体来表达关爱。举例来说，对幼儿，亲吻、拥抱、环抱着他读绘本等都是很棒的方式；对更大或青春期的孩子而言，可能不喜欢再被紧紧地搂抱，这时，可换成摸摸他的头、拍拍他的肩或背、和他击掌，或是在他读书读累时揉捏他紧绷的肩膀。

"我怎么知道孩子主要的爱的语言是哪一种?"薇薇妈妈好奇地问。

你可在网络上搜索"爱之语在线测验"来测试，或者一周采用一种方式来和孩子互动，五周下来，你就会发现哪些是比较有效的方法了。另外，由子女的抱怨中，也可以听出他喜欢你对待他的方式，例如，儿女抱怨你总是骂他，这就是在暗示他需要你肯定的言词。

特别要提醒的是，孩子主要的爱的语言或许不止一种，也有可能会因他的年龄增长而改变。所以，除了主要的爱的语言外，孩子也需要你用其他的爱语来滋养他。

──● 针对特殊需求小孩

这群小孩的心智年龄通常比同龄孩子小，简单说，就是感知他人的处境、想法，并做出合乎社会期望的反应、行动的能力较弱，因此建议你可多以拥抱和亲吻等直接方式来表达爱。要提醒你的是，有些孩子有触觉敏感，不喜欢别人碰他，那就改用口语称赞或鼓励的肯定眼光等来互动。五种爱的语言都试试看，记录下哪个方式会让宝贝开心，日后就可常用此法。

育儿的学位很难拿，但我相信，只要持续努力下去，总有毕业的一天。

● 立刻试试看

建议你用一个月的时间来观察孩子，当他做出你喜欢的行为时，就用他主要的爱的语言来鼓励他。假使他主要的爱的语言是"精心的时刻"，而他今天主动帮忙倒了垃圾，你可在忙完家事后，刻意单独带他去超市买他爱喝的饮料，并感谢他的帮忙，相信他会更喜欢你，并且越来越愿意帮忙倒垃圾。

● 必胜小秘诀

商人都会说客人爱听的话，这样他才能赚到钱。我们也来学学商人，用孩子感到开心、被重视、被爱的方式来互动，就可以不断增加爱的存款！

4

常对孩子说感谢和感恩的话

> 常对孩子说感谢的话，让亲子双方在良好行为与感谢的正向循环中，增加充实感，并不断累积爱的存款。

常对孩子说感谢的话，会让孩子因努力或付出被父母看到而获得尊重，觉得这般举止是有意义的而乐意继续做。如此一来，双方就能在良好行为与感谢的正向循环中，不断累积爱的存款。

你可能会想，要感谢孩子什么呢？

除了谢谢他帮上你的忙之外，在他做了该做的事之后，也可感谢他愿意"负责任"，甚至在他没惹麻烦时都可道谢，因为这样你就不用花时间精力去善后，而可专心处理其他事务。小孩在被肯定的激励下，会主动维持良好行为，这胜过每天费心逼他做你期待的事，可让你省不少力。

"就算孩子摆好他自己的鞋，我也要谢谢他？"薇薇妈妈有些疑惑地问。

是的，谢谢小孩做出好的行为也是皮格马利翁效应的延伸，一来可让他感到自己在父母眼中是很棒的，而产生更多内在动力来做个乖小孩；二来也会增强彼此的好感度。所以我们要找机会谢谢小孩，尤其当孩子处在青春期的风暴区时，感谢他没惹事，可大大减少亲子的冲突次数。

薇薇妈妈觉得要谢谢孩子做了该做的事有些困难，可能是因为这与她的价值观相冲突。或许她自幼就被教导要负责任，如果没做到，就会受到惩罚，因而让她具有"人必须自我负责"的观念，使得她不认同要为这种事感谢孩子。

为人要负责的想法很棒，但不见得每位家长都抱持相同观点。有些父母认为孩子那么小就能主动帮他完成许多事是很可取的，对这类父母来说，感谢孩子尽责就很容易。教养策略是否与家长的价值观吻合，对于执行的难易度有很直接的影响。

薇薇妈妈叹了一口气，无奈地说："唉！光要兼顾好工作和家庭生活就够累人了，还要刻意这样做！"

相信大部分的家长都有类似感受，我也有，但长远来看，现在的奋力付出是获益极大的投资，很值得做。

● 针对特殊需求小孩

这些孩子成熟得比较慢，因此需要注入更多的关爱。如果孩子是十四岁，你要像对待八九岁或更小的小孩般，除了口头感谢外，还要再拥抱他一下，让他在听觉、视觉、触觉、嗅觉等感官上，都能接受到你的美意及爱心。

通过你对孩子的刻意感谢，先营造出他"乖小孩"的形象，借此来引发出他的好行为，还能拉近亲子关系，一举数得。

● 立刻试试看

邀请你在孩子睡前，选一件事情来谢谢他。即使他根本没做到符合你标准的行为，也建议你谢谢他今天没找你麻烦，让你省了一些精力。

● 必胜小秘诀

经常对孩子表达感谢，不只能在爱的银行中存款，更可通过你的示范，让小孩"复制"你的言行，引导他拥有良好的人际关系。

刚开始会感到有些别扭是正常的，先从每天一次开始，习惯便成自然。试想，如果眼前这个会反抗的孩子变成更爱你、更顺从的孩子，你会不会更开心？为了这个目的，现在就开始努力吧！绝对是稳赚不赔的。

实战对策 **5**

沟通加分技巧

"怎么说"比"说什么"来得重要！运用沟通加分技巧，就可降低说错话的比例，不再踩到孩子的地雷，不会挑起孩子的自我保护意识，从而减少亲子冲突，增进彼此关系。

与孩子沟通时，你是否遇过这样的情形？你是出于善意，孩子却不领情；明明是想靠近孩子，他却离得更远；如果此时你又说错话，不仅孩子愈加不满，更会让彼此都受伤。可见适切的沟通有多么重要。

在探讨沟通技巧前，我想先和你分享一段我很喜欢的文字：

语言是窗（或是墙）

听了你的话，我仿佛受了审判，

满怀委屈，却无从分辩，
在离开前，我得明白，
那真的是你的意思吗？

在我为自己辩驳之前，
在我带着痛苦或恐惧回应前，
在我用言语筑起心灵之墙前，
请告诉我，你是否真有此意？

语言是窗户，也可以是墙，
可将我们定罪，也可以让我们得到释放。
愿我无论在说话或聆听时，
都散发爱的光芒。

有些事对我极其重要，
我必须将它们说出来。
如果我讲得语焉不详，
你是否可以帮助我表达清楚？

如果我似乎在贬低你，
如果你感觉我不在意你，

请试着通过我的话语，

听见我们共通的感受。

——鲁斯·贝本梅尔（Ruth Bebermeyer）

人都有求生和自我保护的天性，当你觉得对方威胁到你或让你感到不安全时，便会本能地做出以下反应："迎战""逃跑"，甚至是最惨的"僵住"——想逃却不能或不敢逃。

然而，人们在失去信任而采取自我保护的前一刻，都怀着一颗期待被爱、被理解、被接纳的心，无论是成人或小孩。但这颗心有时会被自尊心隐藏起来，以致他人看不见我们的需求。

这段文字提醒了我，在我将对方定罪为"威胁或不安全"之前，要先确认他是真的对我不怀好意，还是我们之间存在着沟通不良的误解。不能单凭我个人的感觉来给他判刑，因为我的诠释将会决定我要把对方当成朋友或敌人。

教养也一样，倘若我把孩子的不良行为认定为"故意的"，那我绝不会给他好脸色看，或许还会设下更多严厉规定来制止或惩罚他，但如此一来，我们的亲子关系也变得恶劣了。这就是我以前的故事。

经过学习我才明了，在改变孩子的不良行为之前，要先建立良好的亲子关系。我运用了以下四项沟通技巧来帮自己加分、协助我说对话，既能把握合适的亲子界限，也不会踩到孩子的地雷，建议你参考看看。

一、先备心态：淡定

很多父母看到小孩做出不良行为时，就瞬间变得很焦虑，甚至大吼大叫，为什么？我在自己及个案身上发现，这很多是出自恐惧（例如害怕孩子输在起跑线、担心遭受别人责怪、怕养出啃老族）、不够清楚自己要什么（例如，想提升孩子 EQ、希望孩子能独立思考或乖乖听话）、没觉察自己当下的心情（例如疲惫、紧张、无助）等，它们都和家长不能自我觉察有关。

最理想的双赢沟通历程是，父母先能了解自己、同理自己、表达自己，之后再理解孩子，并向他表示"我听到你想表达的是……"，让孩子清楚父母是爱他、懂他、接纳他的，这时，彼此便处在和谐、信任、尊重的状态。想达到这样的境界，淡定心态是第一要件。

在"淡定养成术"一章中，我会详谈如何了解自己、同理自己，而表达自己的方法则会在"教养工具大补帖"一章里详细介绍。

二、善用非口语的语言——肢体语言及声音表情

美国心理学家艾伯特·梅拉比安（Albert Mehrabian）指

出，人在判断是否能信任对方时，7%是根据他所讲的话（谈话内容、言辞的意义），38%是经由听觉得到的信息（声音大小、语调、语速），剩下的55%是通过视觉得到的信息（外表、表情、仪态、眼神、动作等）。

另外，当对方说话时的肢体语言及声音表情与说话内容不一致时，人们会倾向于相信非语言信息，而非他说的内容。比方说，妈妈斜眼看孩子（**不尊重的身体语言**），并用命令的口吻（**声音、表情**）说："请你帮我拿眼镜！"（**说话内容**），虽然用了礼貌性的"请"，但孩子并不会感受到被尊重，也知道如果不去拿就会受到责罚，因而不甘不愿地去拿，或者顶嘴说："为什么你自己不去拿？"因此"怎么说"比"说什么"更为重要。

如果父母采用孩子感到舒服的沟通方式，也就是抱持着淡定心态来互动，会提高他的合作意愿，也能增加爱的存款。

三、避免用"隐性暴力"的话语

指责、怪罪、批评（或比较）、威胁、命令（应该、必须、一定）等话语会激怒孩子，建议你借由替代的说法来表达你真正的用意（见表1–1）。

表 1-1　隐性暴力话语的替代说法

隐性暴力话语	家长说的话	转换的思维	替代的说法
指责、怪罪	吃完消夜后又不收拾，弄得家里乱七八糟。	只描述事实和自己的感受，不要延伸或推论到其他事情上，一码归一码。	你吃完消夜后没有收拾，早上我看到碗盘上有蟑螂在爬，觉得很恶心。
威胁	我跟你说过要在九点前回到家，你为什么十点半才回来？如果你不准时回家，就给我搬出去。	说明原则与采用原因，并且询问小孩对于原则的承诺程度。	爸爸妈妈还是这个家的管理者，家规规定小孩得在九点之前回到家，你觉得你可以做到吗？
批评（或比较）	你就是不用心，才会连这么简单的题目都做错。	直接讲出期待，并于内心接受孩子若现在无法做到，自己虽然会感到失望，但依然爱他。	我期待你做作业时能专心。
命令（应该、必须、一定）	你一定要马上去洗碗，不然就不准看电视。	惩罚是为了促进命令的实现，请直接说出命令背后的动机。	我希望你是个负责的人，能履行承诺去洗碗。

隐性暴力话语会让孩子感到不舒服或有压力，要尽量少用。即使孩子还小，表达能力不足，但这种话语仍会令他不高兴，进而破坏了关系。

四、巧妙使用"但是""可是""不过"

一般来说，人在说"但是""可是""不过"时，后面所讲的话才是他真正要表达的意思，同时也否定掉前面说的好话。"可是"传递着不明确的拒绝，是引发争吵的关键词。

虽然如此，只要调换一下"但是"前后句的顺序，就可产生不同的效果，请看表1-2的公式。

表1-2 "但是"用法的效果

方法	NG版	OK版
公式	好话＋但是＋另一句话	前述＋但是＋正面话语
范例	妈妈："我很爱你，但是你晚回来，我生气了。"（妈妈传递的是生气） 孩子心中会想：只因为我晚归，我就不好吗？（孩子有不舒服的感受，怀疑妈妈是否真的爱他）	妈妈换个顺序说："你晚回来，我生气了，但是我很爱你。"（妈妈表达的是"我很爱你"） 孩子心中会想：虽然我晚归，妈妈还是爱我的。（孩子有被爱的感觉）

方法	NG 版	OK 版
效果	后面的话会推翻前面说的好话。	有放大正面话语的效果，让孩子接受你的肯定。

　　我刻意运用上述的沟通加分技巧之后，真的改善了我们恶劣的母子关系，建议你也试试看，以降低说错话的比例，增进彼此关系。

本章小结
累积"爱的存款"

在甜蜜关系下陪伴孩子长大，是全天下父母的心愿。孩子虽然是我们生的，但毕竟他也是一个独立个体，不会和我们一模一样。孩子年纪尚小时，亲子间的差异性并不明显，等他越长越大，就会希望依自己的想法行事。我们也是这样长大的，我们也不认同父母的某些观点和行径，这，就是人。

要在良好亲子关系和尊重孩子思想之间取得平衡，是需要智慧、觉察、微调、弹性和具体行动的。

请你回想一下，当你进入一个新环境时，是怎样交到朋友的？应该会经过释出善意，观察对方反应，再给予更多正向响应等步骤。教养孩子的过程也很相似，差异在于父母须配合孩子不同的年纪来调整教育方式。

埃里克森的心理社会发展论主张，孩子在人生每个阶段的能力和成长目标是不同的。当孩子处在零至一岁的婴儿期、二至三岁的幼儿期、四至六岁的学龄前儿童期、六至十一岁的学龄儿童期、十二至十八岁的青少年期－青春期或十九至三十岁的成年早期，家长的教养策略都要跟着转换。简而言之，随着孩子长大，父母就要逐步退出子女的生命，在二十几年中，由百分之百掌管他的生活，慢慢调整成由他全权负责，这样孩子才会拥有专属的幸福人生。

退出的速度该怎么拿捏？这对父母是一项艰难的挑战，答案也因人而异，没有绝对的标准，需要靠自己不断地尝试及修正。就像在跳双人舞般，要在经历进进退退的过程后，才会找到双方都舒服的节奏。

可以确定的是，如果你们有很多"爱的存款"，你的教养之路会走得比较轻松，因为孩子为了维持与你的良好关系，会愿意配合你的引导。所以建议你常用"亲子交心术：同理孩子的心情"、有效的赞美法、爱的语言、对孩子说感谢的话及沟通加分技巧等五种"存款"策略，来维持你和宝贝的亲密关系。你也可以发挥创意，找出更多自己愿意实行也用得顺手的方法。

既然是"存款"，就会有取款，之前累积的"爱的存款"，会因生活事件而消耗掉，因此别忘了要持续储蓄，才可确保你拥有较省力的教养过程。

2

让孩子听话的必胜原则二

互动时机评估

只要建立与孩子的良好关系，就会让他更有意愿听从你的指令。若想让孩子更听话，就得选在亲子双方都拥有最佳心情时进行沟通，毕竟人心情好时，一切都好说；生气时，看什么都不顺眼。因此想要教养有效，得先评估对你和孩子而言都适当的时机，严选出最佳的亲子相处心情温度。本章将介绍情绪曲线、情绪量杯、精力及时间仪表、理智侦测机等四种工具，帮助你判断你和孩子的心情状态。

　　然而，人是情绪化的动物，会生气是自然的。如果经过判断，你发现自己或孩子的心情并不适合沟通，就至少要做到忍住骂小孩的冲动。条条大路通罗马，有许多方法可以协助你，重点是要找到结合"愿意做""较省力"特点的策略，才能让你在最短的时间内，跨越盛怒的挑战，成功地让理智来引领你教养孩子。

在本章中，我将介绍自己常用的四种方法，若这些方法激发你想出更多可行方案，请写下来，以增强自己的教养工具库。

强大的动机是改变最有力的后盾，在掌握并选择适合的策略前，我想请你先诚实回答下列提问，以厘清自己的动机强度。

Q1. 在生日许愿时，有关"理想的亲子关系"，你会许什么样的愿望？请具体描述相处的状况，例如：孩子听到我回到家的开门声，会兴奋地跑过来抱我，或是我们有聊不完的话等。

Q2. 请你为目前的亲子关系打分，一分是最低分，十分是满分。

Q3 说到"理想的亲子关系"，你会联想到什么事件？此刻你的心情是什么？

Q4. 拥有"理想的亲子关系"对你的意义是什么？

Q5. 如果你拥有的能量为十分，须分配到工作（或生活）、兴趣、亲子关系上，你会调配几分能量给"理想的亲子关系"？

Q6. 为什么会这样安排？

Q7. 如果你做了某些改变后，可以体验到"理想的亲子关系"，你愿意调整的意愿是多少？一分是最低分，十分是满分。

回答到这里，相信你应该更清楚自己对于理想亲子关系的盼望程度了，接下来，就和我一起进入本章的学习吧！

严选你的心情温度

通过情绪曲线、情绪量杯、精力及时间仪表、理智侦测机这四个方面，来检测自己此刻是否拥有安稳的心。

最佳的教养心情温度是在情绪天秤的中心点，也就是在"淡定"的刻度上。因为人的心情会相互影响，所以身为主导者的我们，要先把自己调整到"淡定"状态。

为什么？

因为管控自己比要求孩子容易多了，而且大人的自我觉察、控制能力及经验都远远胜过小孩。因此家长只有先准备好，用坚定平稳的心态，来稳住孩子混乱起伏的心，教养才能省力并发挥效果。

你可借由以下几个要点，让自己尽可能处在平静状态下，就算不能完全做到，至少可更靠近淡定一些，这样就能降低因烦躁激起孩子对抗情绪的概率了。

"我也知道要淡定，问题是根本做不到啊！"薇薇妈妈困扰地说。

的确，"蜡烛两头烧"的家长经常处在漏电状态，如果又遇到孩子屡劝不听，加上自己又没多余的时间精力来和他耗，就更容易抓狂了。父母脾气一失控，孩子也会跟着乱，更别提让他按你的要求做了。

我常通过以下四个方面来检测自己当下是否拥有安稳的心，邀请你也一起试试看。

一、情绪气象报告——情绪曲线

人的心情就像天气，会因外在事件而产生风和日丽、阴雨绵绵、风吹雨打、暴风骤雨等不同样貌，例如：孩子考上全校第一名时，你应是满面春风的；当你常因孩子作弊而被叫到教导处时，内心可能是"打雷又下雨"的。

你可能会好奇人的情绪是如何转换的，关于这点，美国神经科学家保罗·麦克林（Paul Maclean）的三脑一体论（Triune Brain，详细介绍请见第96～100页）提供了充分解释。该理论指出，人的心情（心理）、生理、认知、行为和外部环境这五个元素会自然交错反应，当人心情不好时，讲话的口气和表情会给对方不舒服的感受，进而引发对方表现出相同的态度，导致双方的关系恶化。

倘若父母在心情不好时管教小孩，不但成效不彰，还可能造成反效果。然而，人不可能永远维持在淡定状态，总会遇到情绪低落但又必须教育子女的时刻，这时，该怎么做才好？

在讨论因应之道前，我们先来认识美国知名的学校安全及暴力预防专家杰夫·科尔文（Geoff Colvin）博士提出的"发飙行为曲线理论"（简称"情绪曲线"，见图2-1）。

杰夫·科尔文博士认为，人的情绪从风和日丽转变成狂

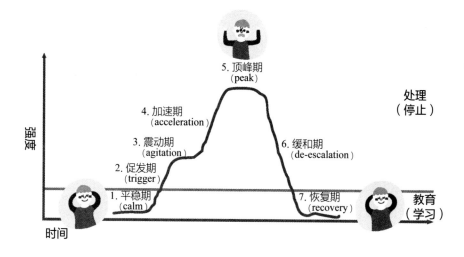

图2-1　杰夫·科尔文博士提出的"情绪曲线"（数据源：Colvin 1992）

风暴雨，然后雨过天晴，恢复到平常状态，会经历七个阶段：平稳期、促发期、震动期、加速期、顶峰期、缓和期和恢复期。在每个时期中，人的生理（心跳等）、心理（情绪）及认知状态（脑中正在想的事）是不同的，因而会导致迥异的行为表现。

当你的情绪处于第一期平稳期和第七期恢复期时，生理、心理都处在淡定的正常平稳状态，可做到用温柔词语及坚定口吻来说话，最适合教导孩子。

当你的情绪越往顶峰期走时，你越会丧失理智，此刻的教养是完全无效的，因为孩子早就已经被你的怒火吓死了，根本没有能量去执行你的要求。

如果你想让孩子乖乖听话，就得好好运用情绪专用的"气象报告"——情绪曲线，来协助你掌握自己和小孩的情绪动向，以找出最适当的应对方法，成功避开情绪的狂风暴雨阶段。

特别要注意的是，当你怒骂孩子时，你正处于情绪曲线的顶峰期，你的理智是被绑架的，眼中只有愤怒，大脑额叶的抑制功能完全失效，再多的专业教养技巧都无济于事。

等你怒气暴发，痛骂过小孩，冷静下来后，赫然看见孩子惊恐不已的表情时，已挽回不了你对宝贝的脆弱心灵所造成的伤害，这时，再多的懊悔自责都无济于事。我坚信没有一个父母愿意伤害心爱的孩子，但往往理智上知道不要骂小孩，情绪上却又忍不住……

该怎么办？

建议你运用"情绪中断术"（详见本书第 67 ~ 86 页），先理智地"急速冻结"自己当下的怒火，事后再回头处理自己的情绪、教育小孩。

从情绪曲线来看，暴怒状态是星火燎原的结果，不是一蹴而就的。既然是阶段性的，我们就可见缝插针地"从中截断"情绪大火的蔓延。我强烈建议，最慢也要在自己情绪激升到顶峰期（第五期）前的加速期（第四期）时排除万难，用仅剩的微弱理智力，来"冻结"持续飙升的怒火。

这原理就像消防队员在扑灭森林大火时，因所有工具都送不上山，只能砍掉火圈外围的树木，静待熊熊大火在缺乏燃料下自动熄灭的时刻。唯有这样，才能避免落入亲子双方都心痛落泪的困境。

二、情绪量杯

水杯中的水除非倒掉或蒸发，不然不会无缘无故消失。情绪的累积就像水一样，若不刻意处理，就会越来越多。你会因为生活中的不顺心而慢慢增加情绪量，常常在下班回家时，你的情绪量杯里的水已快溢出来了。这时，孩子不听话可能就成了压垮骆驼的最后一根稻草，导致你情绪量杯的水满溢而出。

虽然你理智上知道要淡定、不要对孩子大声说话，但因为太疲累或太焦急，还是忍不住开骂了。

因为你严厉的语调，小孩会自动开启自我保护功能，只聚焦在你凶巴巴的声调上，完全听不到你说的话，自然也不会去执行你的要求。

如果你能够时时留意自己情绪量杯的水位（图2-2），就可以评估出"对的"教育时机。

情绪曲线的七个阶段（平稳期、促发期、震动期、加速期、顶峰期、缓和期和恢复期）是依序发展的，在每个阶段中，情

留意自己当下的
情绪容量

压下的情绪，
不会无故消失

图 2-2　情绪量杯

绪量杯所装载的情绪量是不同的，越靠近第五期顶峰期，情绪的水位越高。因此引导小孩做事前，要先看一下自己情绪量杯的状况，倘若超过一半，除非是很紧急的事，建议先缓一下，否则你越急，事情会变得越糟。

另外，孩子和父母的情绪量杯容量也不同，假设大人是啤酒杯，小孩可能是小酒杯，甚至是酱油碟子（图2-3）。诸如自

大人
啤酒杯

小孩
酱油碟子

图2-3　大人和小孩的情绪量杯容量是不同的

闭症、儿童多动症、抽动秽语综合征、情感障碍等特殊需求小孩，他们的情绪量杯就属于酱油碟子，所以会动不动就生气。

这容量也代表孩子可以承受压力的程度，因此在教导孩子时，也须留意他的情绪量杯水位，以协助他做好听话的准备。有时孩子不听话，不是他故意要和父母唱反调，而是受限于天生的生理特质。

三、精力及时间仪表

教养孩子是很花时间和心力的，若想要有质量良好的亲子互动，就要留意自己的能量状态。

请想象一下，你在开车时发现离目的地还有很长一段路，但汽油快见底了，你想快点抵达，便决定要加速，勉强开下去，但如此一来，车子会严重耗损，甚至发生故障。同理，当我们在快没体力或没时间的状况下，很想处理小孩的问题，自然会采用最快的方式，也就是高压威胁手段，以达到"立刻"扫除困扰的目标。

可是，我们都知道，高压策略会带来数不清的后遗症，所以当你感到很累、没电或很急，也就是精力及时间仪表上的指针落在红色警戒区时，代表你现有的电力不足以供给好好引导孩子所需的能量，因此当下并不是教养的好时机。

除非眼前的事攸关生命安全，不然建议你先闭上眼，强迫自己别去在意孩子不当的举止，等恢复体力后再来耐心引导他。否则在没精力的情况下，你因心烦而硬撑着管教小孩，不仅徒劳无功，还可能被气个半死，这只会导致双输结局，太不值得了。

四、理智侦测机

你是否看过这样的情况：某人正在生气，旁人劝他不要气，他反而更大声地说："我哪有生气？"让人很傻眼。

其实这个人不是在狡辩，他真的"不知道"自己正在生气。如果没向内觉察，人很容易因外在事件的刺激而不开心，进而陷入情绪泥沼中，却浑然不知。若想确认自己是否淡定，可派"理智侦测机"，以自我觉察方式帮助自己定位。

上述四种方式可随机选用一种或多种，总之，如果连你自己都不清楚自己的心情状态，就很容易对孩子说出你在淡定时不会说的用词和语调，进而破坏亲子关系，事后的懊悔、内疚都弥补不了你在孩子心中造成的伤痕。

科普一下

杰夫·科尔文博士指出，情绪曲线每个阶段的转换速度因人而异，有人由第一阶段进展到第五阶段只需几秒钟或一分钟；也有人会来回移动转换，等走完七个阶段已经一个小时了。此外，也不是所有人在每个阶段都会表现出明显征兆。若想了解更多相关知识，请参阅《暴走小孩，淡定父母：与特殊孩子的情绪共舞》。

步骤 **2**

严选孩子的心情温度

> 严选出最佳的亲子相处心情温度，可帮父母做到淡定，这
> 也是有效教养的关键条件之一。

在亲子双人舞中，因成员有你和小孩两人，如果想要孩子
乖乖听从指令，光自己达到平稳状态还不够，你尚需留意孩子
是否也处在平静中，这样他才能"接收"并"服从"你的要求。

一、观察孩子的心情现况

你可运用情绪曲线来评估孩子的状态，倘若他处在平稳期
或恢复期等正常状态，就是适合教养的时机。然而，忙碌的你
或许不能精准抓到这些时机点，没关系，在第二、三期的促发
期及震动期也可以介入，越早处理越省力。

假使孩子已进展到了第四期至第六期（*加速期、顶峰期、*

缓和期），就建议不要再给他压力，还是先求"平安"为妙。当孩子的情绪海啸平息后，他才能"听到"你的要求。

二、别和孩子硬碰硬，要顺着毛摸

每个人都有自己的底线，一旦被人触犯到这界限，就会发飙。有些父母认为，孩子还小，哪有事不能碰？因而为所欲为，毫不在乎孩子的感受。我想提醒的是，小小孩也是会生气的，此时他虽因能力不足，无法积极地正面对抗，但仍会消极地生闷气；等到他进入青春期，就会将累积多年的愤怒一次奉还给父母，届时管教就更棘手了，费心费力但效果极小，我就犯过这样的错误。

所以建议你要观察孩子的界限在哪里，教育时要尽量避开他的弱点，才能给予他足够的安全感，建立对你的信任，这样你的用心教养才可发挥功效。

● 过来人老实说

如果真的能长期处在"淡定"状态，不仅可让亲子拥有更亲密的关系，更是幸福人生的保证书。

一个淡定的人，其内在是极具包容力、安全感、弹性、自信和智能的。人之所以做不到淡定，常归因于外在事件不如预期、事情进展方向与自己的价值观冲突、害怕无法掌控、不愿费力去改变，或是被惊吓到而不知所措等。在这些因素的影响下，一个内心不够坚强的人的形象便形成了。

人有四个面相："我知道、别人也知道的我""我知道但别人不知道的我""我不知道、别人却知道的我""我和别人都不知道的我"。淡定的人对于自己这几种面相有相当程度的"认识"，并"接受"现实的自我，才能维持在平稳状态。

我和许多父母深谈过，发现他们做不到淡定的原因中，居然常出现"自责、内疚"这样的因素。他们越不能接受自己没有良好的亲子关系，就越会陷入混乱、焦虑中。因为他们内心有两股力量在拉扯，一股责备自己是失败的父母，另一股则拼命否认辩解。光是这样的强烈内耗，就会消磨掉他们大部分的精力和能量，导致无力好好改善与孩子的相处状态了。

如果这家长愿意承认自己目前的亲子关系不佳，就不会再处于矛盾状态，可把内在的自我对抗能量转移到找解决方案上，进而促成更好的亲子关系。

现在回想起来，我以前也不太了解自己，加上独力抚养一个有情感障碍的孩子，所以常处在慌乱中，像无头苍蝇般到处找解药、讨救兵，却无功而返，最严重时还罹患了惊恐障碍。

就是这个重大打击敲醒了自以为是又完美主义的我，让我踏上自我认识之旅。这时，我才惊觉我竟然这么不了解自己！我的慌张表面上是为了解决孩子的问题，实际上是内在有股不自觉的强大乱流在窜动，才导致我的生活乱七八糟。

经过常年的学习和探索我才明白，严选出最佳的亲子相处心情温度，可帮我做到淡定，这也是有效教养的关键条件之一。虽然刚开始是为了处理亲子难题，想拥有一颗稳定的心，我才奋力改变，但实践到现在，我更清楚其实这是一条修行的路，修的是我紊乱的心，而不是孩子的问题。

即使越来越通透了，我仍不能永远维持在平稳状态，每天依然要例行性地自我要求，时时用检测淡定的四种方式，来厘清自己当下的情绪。

举例来说，当我在对孩子下指令时，如果听到自己的声音是急促高亢的，我会理性地立刻停止说话，并转头回房间。接着，我会找个舒服的坐姿，闭上眼，将焦点由孩子转到自己身上，借由向内探索来安抚焦躁的心。有时，我也会写下脑中纷乱的思绪，以协助自己更加冷静（*更多方法请见第三章"淡定养成术"*）。待我明了自己的状态后，就能以平和、坚定的态度来引导孩子了，即使他仍以吵闹来测试我的底线，我仍可平稳地坚持原则。

你可能会好奇，我累吗？

这一切是很费力！但我把这行动当成对幸福人生的投资，

所以愿意继续做下去。在现在的生活中，儿子越来越少生气，也更常和我分享心情和想法。在这样的持续练习下，我发现自己的弹性变大了，由生气恢复到平稳状态的时间越来越短，不像过去那般固执，内心挣扎的强度也小了许多，变得更自在了。

● 立刻试试看

以上方法建议你每天挑一种感觉容易执行或有兴趣的来实验，并在行事历上记录成果：一分是"没什么效果"，十分是"很有效"。给自己一个月的时间尝试，相信你和孩子的互动会有正向的转变。

开骂前先深呼吸

> 想骂小孩时，你的身体已非常僵硬，就像一颗充满气的球，只要再受到一点点外力的压迫就会爆炸，所以要设法让自己"泄气"。最快的方法就是"深吸一口气"！

忙碌的家长在日常生活中，不见得都能把握适当的时间点来教育孩子，小洋妈妈就是一个例子。

"小洋已经小学六年级了，上学还是常常迟到。今天早上，我已催他半小时了，他却还在磨蹭，真是急死人了！这周没有一天准时到的，我真的不想再看到老师'极度关切'的表情了。"妈妈眉头紧锁地说。

"我都急得像热锅上的蚂蚁了，婆婆还在旁边念叨我：'让孩子准时上学有这么难吗？'我听到这句话，心里又委屈又生气。这时，小洋又跑来问我他的红笔在哪里，我突然像火山爆发，大声吼他：'为什么昨晚睡觉前没检查，不是教了一千万遍了吗?'"说到这里，小洋妈妈激动得哭了起来。

等她情绪平复后，我问她为什么哭得这么伤心。她眼神茫然、虚弱地说："我不想骂小孩，但还是忍不住骂了……"

注重亲子教养的小洋妈妈对于骂孩子一事很自责。她知道责骂小孩会造成孩子自信不足，也会影响亲子关系，可是，她就是控制不了！明明心里很疼爱孩子，却常被小洋气到破口大骂，她也很讨厌这样的自己。大部分的家长对这类状况应该很熟悉，因为我们常在能量不足时做出后悔的事。

小洋妈妈骂出口了，代表她处在情绪曲线的顶峰期，是理智线断线状态，情绪已凌驾理智之上。在她感到羞愧内疚时，就来到情绪曲线的第六期缓和期，都不是管教子女的好时机。

若想避免犯同样的错，可运用"情绪中断术"，先控制自己即将爆发的怒气，等到适合的互动时机，也就是平稳的情绪曲线恢复期时，再来教育孩子，才会有效果。

"情绪中断术"包含以下四项对策：

1. 开骂前先深呼吸

2. 捏自己大腿

3. 在心里骂或离开再骂

4.离开现场

从看到孩子又犯错，到责骂他，再到后悔，是一个自动化的连续性反应，其速度就像光速一样，快到你根本还来不及察觉就结束了。等回过神时，孩子不是在顶嘴挑衅，就是敢怒不敢言地生闷气，抑或不知所措愣在那里。

小孩回嘴会让父母更生气，因为你认为他做错了事，不但不认错，还敢顶嘴。况且孩子是你一手拉扯大的，吃、穿、用都靠你，他应该要听你的，竟敢不尊敬"金主"，撼动你做父母的权力。同时你也会担忧，如果孩子老爱争辩，将来入社会后人际关系会很糟，可能无法好好融入群体。

另一方面，倘若孩子对你是长期的敢怒不敢言，除了你们感情不太好之外，孩子可能会因欠缺安全感而成绩不佳。因为常骂人的父母变成他的生存威胁，和父母相处时得花很多时间、精力保护自己，以免再挨骂，能花在课业上的时间就少了许多，成绩自然不会好。

此外，孩子也会因和父母感情不好而不愿分享心事，亲子的日常对话只剩下事务性的沟通，例如：

父母："回来了？今天在学校有没有发生什么事？"
小孩："没有。"

父母："功课写完没?"

小孩："还没。"

父母："去洗澡。"

小孩："好。"

以上对话缺乏心情上的交流，也就是说，亲子间不会主动分享今天遇到哪些事、这些事带给自己怎样的感受等。然而，这样心与心交会的时刻才是培育亲情最重要的养分，久而久之，亲子的心理距离会越来越遥远，变得疏离了。

另外，当你看到孩子被骂却仍瞪大眼睛待在那里时，往往会怒吼一句："还不动!"殊不知此刻孩子已陷入不知所措的处境。一方面，他可能因为觉得被误会而生气，并想对外辩驳；另一方面，他又畏惧于父母的责难，或觉得小孩子应该要听话而想退缩。在这两个矛盾想法的拉扯下，孩子进退两难，不知自己是该解释还是忍气吞声，更不知眼前这个大声吼叫的人是爱他、呵护他的人，还是会伤害他的人，处在混乱中的孩子才会僵住不动。

无论孩子处于上述哪一种状况，都会让父母难过。全天下父母都想把最好的给孩子，没有一位家长想因教育小孩而破坏亲子关系。

孩子就是会不懂事，一定会做错事，教育他是势在必行的，只是要尽量避免"边骂边教"——这样只会让孩子觉得不安全，进而开启自我保护，将所有注意力都集中在评估眼前的父母有多凶、多危险，以及该如何应对上。对于你想教的内容，孩子是一个字都没听进去，换句话说，你这么费劲地教导是完——全——无——效。

那么该怎么办？

孩子可专心学习的关键时刻是在感到"安全"时，所以你仍可教孩子所有你想教的，只是请尽量用平稳、坚定的语调，这样孩子才能搞懂你想要他做的事。

你可能会认为：都快急死了，怎么还有办法让语调平稳、坚定？

在回答这问题前，请你先想一下：是谁感到很急？

是你。是你很着急，加上看到孩子仍管不动，又加深了你的焦虑。换句话说，你是在"情绪高涨"的情况下，才失控骂小孩，做出你不愿做的事。

当人的情绪很满时，理智是不管用的，"我要骂孩子"的想法远远强过"不该骂小孩"的念头。孩子的不良行为只是刺激你情绪高升的因素罢了，会怒骂孩子的症结其实在于你高涨的情绪。

此时，你的身体非常僵硬，就像一颗充满气的球，只要再受到一点点外力的压迫就会爆炸，所以要设法让自己"泄气"，而最快的方法就是"深吸一口气"。

问题是，从看到孩子又犯错，到自动做出反应责骂他，是以超光速在运作，若不"刻意"捕捉斥责孩子前的瞬间，你会来不及"深吸一口气"，所以要常常练习。

──● 过来人老实说

一开始进行深呼吸练习时，我每次都失败，想做却做不到，除了自责外，也觉得很气馁，久而久之，也萌生了放弃的念头。

但在"渴求"亲子亲密共处的强大动力下，我还是打起精神勉强自己继续尝试。我给自己一千次机会，每失败一次，我就告诉自己没关系，还有九百九十九次，甚至还认真记录下来。就这样，怀抱着一丝盼望，我获得了说服内在一直想作罢的声音的力量。这对有完美主义的我来说，是一个很难跨越的挑战。

皇天不负苦心人，我总算做到了！

我发现，快要生气前，胸口像积压了一层层乱七八糟的东西，越压越难过，让我烦躁不已，下一瞬间，情绪就爆炸了。在看清楚自己生气前的身体征兆后，我下定决心要好好运用它。之后又管不了孩子时，我会"蓄意"分神来留意自己是否不耐烦。一旦发现自己开始焦躁了，我立刻用最后一丝理智，"命令"身体要深呼吸。呼吸完毕后，我的怒火就平息了一些，理智力也增强了，这时，至少我说话的口气已不会太冲了。

奇妙的是，总爱顶撞的孩子看到我做了从未做过的深呼吸，反而减弱了反击的强度，让我们母子意外体验到一次杀伤力极弱的冲突。这是多年来的第一次成功经验。

原来，人与人的内在状态会相互影响。当我的气焰高时，孩子即使说不出来，仍可感受得到，所以会自动开启自我保护开关，用我不期待的方式来应对；当我设法降低自己的怒气时，孩子也相对地给出较为温和的回应。我想，这就是"善"的循环吧！

在经历过数不清的亲子冲突后，长期担任主管的我，为了拥有理想中的亲子关系，在教养策略上，不得不将惯用的上对下命令模式，硬生生磨炼成修正自己来适应孩子的尊重模式。在这一过程中，我舍弃了许多原则和期待，经历了无数流泪和失眠的夜晚，总算迎来了孩子主动找我说心事的时刻。这真是一条漫长艰辛的路，但是，非常值得！

——● 必胜小秘诀

想做到"骂孩子前一秒，'强迫'自己深吸一口气"，是需要理性地"刻意"支撑才做得到，因为这不是人的惯性行为。根据美国科学家的研究，一个新行为要重复二十一次才会变成习惯，所以做不到时记得鼓励自己，只要继续练习下去，就会更靠近理想的生活。

捏自己大腿

痛觉会让人分心，可暂时中断怒气，为理智争取更多的空间与能量。

人的心情就像海浪，起起伏伏都是正常的。当你感到压力大、很不耐烦时，别忘了急救法则——先用理智"急速冻结"自己的怒火，事后再回头处理自己的情绪、教育小孩。除了"强迫"自己深吸一口气外，我还用过"用力捏大腿"的策略，因为痛觉会让人分心，可暂时中断怒气，为理智争取更多的空间与能量。

─● 过来人老实说

我儿子在青春期时，常常情绪暴走，无论他的不如意是因我而起，或是来自他的个人因素。总之，他就像随时都主动找人进攻的斗鸡。和这样的他相处，既累又痛苦，真的很无奈。

当惯高阶主管的我，自然不允许孩子这样的对待。刚开始，我还会跟他好好说理，但是，儿子总认为是我错而持续对立，久了，我由想当他的朋友和他好好沟通，转为不耐烦，进而演变到想出手立即制止他，最后就是两人猛烈对峙。

犹记得那几年，我只要走到靠近家门五百米处，心脏就会突然紧缩，因为我感受到一波波强烈的负面能量：想到回家后又要面对孩子的无理挑衅，内心不但十分害怕，疲惫无力，又觉得很悲哀。人缘不错的我，怎么会把亲子关系搞得这般不堪呢？

幸好，我遇到一位良师，他给我的最高指导原则就是"淡定"。

然而，沉疴已久，内心累积如山高的愤怒，让我再怎么使劲，都无法让自己做到淡定。

日子还是要过，无奈之下，我只好退而求其次：即使还不能淡定，但至少先阻止自己的怒火扩大延烧，没有恶化就是好事。

虽然知道在即将要斥责孩子的前一秒，须强迫自己深吸一口气，但不见得每次都能成功，于是我发展出更多的策略，来因应孩子当时阴晴不定的脾气。

使劲掐自己的大腿来唤回理智，是我常用的方法之一。

现在，请你跟着我一起来练习：

1. 先深吸一大口气。

2. 憋气，感受到自己全身灌满了气。

3. 使劲捏自己的大腿。

4. 发现自己因为痛觉而立即消气了。

气泄了，怒火也会消弭一些，这就是我控制自己不要骂出来的另一招。虽然常弄痛自己，但比起用气话在孩子心中狠砍一刀，留下无法弥补的伤害，这算是以小博大的好方法了。

----● 必胜小秘诀

借由情绪专用气象报告——情绪曲线，可帮助自己察觉当下的心情状态，避免做出"孩子伤、父母痛"的行为。而"捏自己大腿"的策略则像针一样，会在你的怒气团上戳一个小洞，协助你快速消气而接回理智线。

情绪中断术 **3**

在心里骂或离开再骂

如果你是易怒的父母，小孩会经常处于不安中，久了就无法信任你、依赖你。但教养孩子总有理智断线想发飙的时候，这时，只要不让孩子听见你骂他，就既不伤人又可解气了。

如果你有手足，应该会发现虽然同父同母，你们的个性还是不一样，这相异之处也会呈现在情绪曲线上。遇到令人生气的事情，有的人可能立即暴怒，随后很快就没事；有的人刚开始只是稍微不高兴，渐渐地转成震怒，或许还会生好久的闷气，尤其是特殊需求小孩。

若未经刻意观察记录，一般人很难清楚自己从发火到消气需要多少时间，最多就是约略知道自己脾气好不好罢了。

假使你由不快到恼怒是逐步且明显的，孩子还有机会看到你的脸越来越臭，知道要收敛行为、乖一点；倘若你会在几秒内就暴跳如雷，你的小孩应该经常处于不安中，因为他很难预测现在满脸慈爱笑容的父母，何时将"瞬间"变脸成恶狠狠会伤害他的人。

久而久之，孩子可能就没办法对你产生信任感了，他也许会跟流浪狗一样，看到陌生人举起手时，就下意识地立刻逃跑，因为流浪狗无法分辨这只手是要打它还是要给它食物，为了求生，逃为上策。

假使你的小孩对你有类似的态度，他就很难敞开心扉依赖你、主动和你说话，更别提遇到困难时会愿意找你讨教，这就是许多亲子关系疏离的主因。

天下父母都想和宝贝拥有亲密的关系，为了这个目标，身为家长的我们，不得不开始关注自己的心情状态，并设法降低勃然大怒的频率。

然而，个性是天生的，有些人就是会瞬间大发雷霆，该如何是好？

在你觉察到自己就要开口骂人了，请想象嘴巴上有条拉链，然后"强逼"自己拉上它。我知道，你的情绪已经很满了，仍然很想骂人，建议你此刻要不就在心里骂，要不就离开孩子后再骂。

例如，你可以去厕所，对着马桶尽情大骂，把所有委屈、担忧、焦虑、愤恨一股脑地丢出来，既不伤人又可解气，一举两得，这样就可避免在盛怒时口不择言，从而重重打击孩子。

●── 过来人老实说

说来轻巧，要做到却极度困难！

单亲又独力扶养孩子的我，长年处在"蜡烛两头烧"及养育易怒孩子的多重压力下，内在累积的愤恨早已满到头顶来不及宣泄。因此，看到孩子出现不良行为，我有很长的时间经常会飞快达到怒不可遏的状态，换来的就是无奈痛哭的一对母子，和残破不堪的家具。

在那段叫天天不应、叫地地不灵的岁月中，我绞尽脑汁用尽所有策略，依然无效。曾经自以为灵巧过人、无所不能、坚忍不拔的我，经过一连串雪崩式的挫败后，被彻底打趴在地。好多次，我真的想干脆了结生命，这样就可以不用再遭受无穷无尽的折磨了。

就在濒临绝望之际，老天派来使者，把失意到自我封闭的我，硬推去上幼儿保教的专业培训课程。当时学到的专业知识，让我明白孩子不良行为的成因，改变了我对儿子抗争行为的诠释，并冷却了我心中随时要爆发的火山。

那时，我才开始做到"很想骂小孩时，就在心里骂或离开再骂",因为随着我的怒火平息,我的理智终于有缝隙可以挤回来,所学的专业知识才有机会正常发挥作用。

这些血泪交织的经验让我深深体悟到,一定要先有心情稳定的父母,才会有乖巧的孩子!

在亲子双人舞中,家长的力道和经验都远胜于小孩,绝对能够影响孩子的行为。

然而,若只修正小孩的行为,家长却依然故我,不改变自己的教养方式,会很容易让努力改变的孩子经历到挫折,一下子就摧毁他费心做到的良好表现。如此一来,他将不愿再继续努力,不愿学习当个好小孩。

因此,要养育出好孩子,亲子双方要共同参与、调整,才能找到"你好·我好"的相处模式。

● **必胜小秘诀**

当我们情绪满溢时,想要骂人是正常的。但为了维持良好的亲子关系,建议能力较强的我们,先用隐形拉链关上自己的嘴,把愤怒言语放在心中骂,或者离开孩子后再骂,这是可同时满足你的骂人需求及维护亲情的两全之计。

离开现场

借由"离开现场"来缓和骂小孩的冲动，是另一个不错的策略。别忘了，要事先和孩子说明，你离开是因为你自己遇到困难了，和他无关。

每个人都是独特的，即使是你生的孩子，他对于同一件事情的反应也不尽然与你相同。

举例来说，孩子打翻牛奶了，"急惊风"小洋妈妈会立刻反应，一面大叫一面善后。然而，"慢郎中"小洋可能只会瞥牛奶一眼，似乎无所谓的样子。

不巧，妈妈正赶着去处理其他事情，却硬生生地被这突发事件耽误了，于是她被小洋不在乎的模样激怒，忍不住大声吼骂。下一秒，小洋哭了起来，妈妈更没好气地去拿清洁工具，边骂边拖地。

事后，在一旁目睹整个经过的奶奶问小洋为何不帮忙收拾，他瞪大眼睛缓缓地说："我有要收啊！我只是还在想怎么擦才好，妈妈就骂人了。"

原来，小洋妈妈的做事风格是剑及履及，不但脑筋转得飞快，执行力更是没话说。反观小洋，他天生思考的速度就赶不上妈妈，加上年纪小经验不足，虽然有心要清理，但琢磨做法的时间很长，长到妈妈都打扫好了，他尚未拿定主意。

此刻，妈妈看待小洋的眼光必然是既生气又失望的。若没经过专业训练，很少有父母能在这时还按捺得住愤愤不平的心情，并像奶奶一样，以好奇的口吻，探究小洋行为背后的真正原因。

妈妈主观认为是小洋犯了错，循着这诠释，她自然不会想到孩子和自己的处事风格存在差异，更甭提会把这事件当成教材，进一步和小洋讨论妥当的处理方法，只会觉得养育他很费心力。

另一方面，小洋也很委屈。他知道要善后，也愿意做，但他并不明了自己是能力不足，需要被帮助和学习，当然也不懂要对外求助。

在这样的误解的催化下，亲子间的平行互动模式终将衍生成彼此怨怼，他们眼中的对方将是"永远不懂事、找麻烦的孩子"和"根本不听我说话、不了解我的妈妈"，是不是很悲哀?

该如何化解这样的难题?

倘若时光能倒流,小洋妈妈退回到发怒的时间点,在觉察到自己快要骂孩子时,最好就用尽全力"离开现场"。

换句话说,妈妈暂时不去清理泼洒出来的牛奶,而是"强迫"自己立刻离开孩子。去喝杯水、上厕所、到门外透透气、去超市买杯咖啡,或干脆狂奔到附近的公园都好,总之,就是不要留在冲突现场,等到气消了再回来善后,反正家里还有奶奶,孩子不会有立即性的危险。

如此一来,想骂的话自然就骂不出来了,也就伤不到小孩,还可让自己由理智断线的情绪曲线高峰期降下来,回到较冷静的状态。

此时,妈妈才能好好想想刚才发生什么事。孩子到底怎么了?是不小心,还是没学过如何处理,抑或生理上有问题?如果妈妈脑中能存有这么多可能性,应对方法将不会只有怒斥孩子及为自己叫屈,而会有更多的好奇心及探索。如此一来,妈妈再度面对小孩时的态度也会不同,说不定还会谢谢这瓶牛奶,让她提早发现孩子哪里需要协助。

● 过来人老实说

这样的事件，以前在我家也经常上演。很不幸，我家曾发展到"母子怨怼"的地步，最严重时，还闹到警察半夜上门关切。这对有完美主义的我来说，是最残酷的打击，让我消沉了好久好久，后来甚至还罹患惊恐障碍。

那时，我一心觉得，我们亲子冲突的原因都出在儿子身上，因而想方设法要"矫正"他，还先入为主地认为只要他变好了，我就会幸福。

殊不知在亲子双人舞中，我丝毫没扮演好自己的角色，还常常越界去操控儿子，才会导致他的疯狂对抗。我，就是激发孩子走到情绪曲线发飙顶峰期的刺激源！

这种无知让我付出了数不清的惨痛代价，包括：穿孔的房门、一堆坏掉的家具、亲人远离、朋友拒绝往来、邻居要求我搬家等。在那几年，我就像活在只有一头凶猛巨狮的无人岛上，觉得自己是时时警戒、孤立无援、毫无盼望、生不如死……

如果当时我早知道要采用"离开现场"的策略，上述悲剧是可避免的，至少不会发展到如此惨烈的地步。

在盛怒下，要"离开现场"并不容易，因为这不是人的惯性，同时也会很不舒服。但为了从情绪泥沼中自救，只能不断不断提醒自己这改变是势在必行，并强迫自己要奋力冲出舒适圈。

这真的需要极大的决心和勇气！

若不是被"修理够了""再也受不了了"，固执又能干的我，才不会愿意卸下完美面具、舍弃自尊、真心实意地想要"放下屠刀，立地成佛"。

现在，每当儿子主动喂我吃他喜爱的美食时，我心中都会暗暗庆幸，还好当年有自觉地主动改变。虽然我脱了很多层皮，痛彻心扉，但很值得！

特别要提醒大家的是，在运用"离开现场"策略时，要事先在孩子心情平稳时告诉他："妈妈（爸爸）有时心情不好会骂人，为了不伤害无辜的你，我会突然离开你一下。这代表是我有问题，你很好，我需要你的体谅。等我心情变好了，就会回来找你的。"

为什么要这样说？

孩子天生就是爱父母的，若你在冲突当下猛然离开，他会觉得自己将被你遗弃而心生强烈的恐惧，因此会更严重地哭闹或穷追不舍，越小的孩子或特殊需求小孩越容易有这种感受。

教养，不但是一门大学问，更是一场修行。

本章小结
找到适合你的方法

接下来，我们要找出最能让你在想骂小孩时立即住嘴的做法。首先，请从"意愿强度"的角度为下列策略打分。

A. 意愿强度（5分最强）	0分	1分	2分	3分	4分	5分
1. 开骂前先深呼吸						
2. 捏自己大腿						
3. 在心里骂或离开再骂						
4. 离开现场						
5. 其他你想到的方式 ① _____						
6. 其他你想到的方式 ② _____						

A. 意愿强度（5分最强）	0分	1分	2分	3分	4分	5分
7. 其他你想到的方式 ③ _____						
8. 其他你想到的方式 ④ _____						
9. 其他你想到的方式 ⑤ _____						

下一步，请从"省力、方便"的角度来帮下列策略打分。

B. "省力、方便"的强度 （5分最强）	0分	1分	2分	3分	4分	5分
1. 开骂前先深呼吸						
2. 捏自己大腿						
3. 在心里骂或离开再骂						
4. 离开现场						
5. 其他你想到的方式 ① _____						

B."省力、方便"的强度 （5分最强）	0分	1分	2分	3分	4分	5分
6. 其他你想到的方式 ② _____						
7. 其他你想到的方式 ③ _____						
8. 其他你想到的方式 ④ _____						
9. 其他你想到的方式 ⑤ _____						

请将上述九种方法的"意愿强度"与"省力、方便的强度"的分数相加，即可列出合适策略的排行了。

要注意的是，人的身心状态每天都不同，适用方式也会随之变化。建议你把上述排行依序填在九宫格中，还可画上插图来迅速提示或增加趣味（图2-4）。然后，把这张表格贴在你和孩子最常互动处的醒目位置，以时时提醒自己快速找回理智的有效做法，也可和孩子讨论出他专属的心情降温九宫格喔！

再好的仙丹妙药，不服用也是枉然，所以完成表格后，要刻意提醒自己去实践，也可请另一半或其他家人提醒你持续执行。

只要坚持下去，你一定会越来越接近"理想的亲子关系"，我们一起加油吧！

1. 开骂前先深呼吸	2. 捏自己大腿	3. 在心里骂或离开再骂
4. 离开现场	5. 其他你想到的方式 ① _____	6. 其他你想到的方式 ② _____
7. 其他你想到的方式 ③ _____	8. 其他你想到的方式 ④ _____	9. 其他你想到的方式 ⑤ _____

图2-4　心情降温九宫格

3

让孩子听话的必胜原则三

淡定养成术

淡定，是有效教养的基础，要经常维持在这样的平稳状态并不容易，因为人有心情起伏是很自然的事情，但为了孩子的未来及家庭和睦，还是建议父母要尽可能做到淡定。

"我真的很努力想要淡定，可是，和孩子说着说着，我的火气就上来了，她也干脆坐在地上闹起别扭！唉！"薇薇妈妈哭丧着脸说道。

费心改变却没成果真的会让人灰心。别沮丧，十年树木，百年树人，培养孩子本来就不是一朝一夕的事，不用太心急。况且在这一过程中，亲子双方都有需要调整的地方，要给彼此多一些宽容及耐心来尝试和转变，只要方向正确，总有柳暗花明的一天。

要让孩子听话就像盖大楼，得先有地基才能往上盖，地基越深越稳固，楼层就能盖得越高。第一章提到的"建立良好关系"是第一层地基，第二层是"评估教养时机"，接下来的第三层则是父母调整自己的心态，也就是让自己尽量淡定。

其实，言语会反映心态，完美主义者因为抱持高度期待，无论是看待自己或小孩，总会聚焦在做得不够好的地方。这类扣分型父母只关注孩子的作业写得对不对、考试考第几名，当孩子没达到期待或不听话时，他们就会感到受挫折，并不知不觉用勉强、处罚等方式来逼迫孩子就范，丝毫没想到要留意子女的些微进步。

另一方面，孩子也很难接受父母永远只看他的缺点，忽略他表现不错的地方，因而产生委屈、生气的感受，久而久之，亲子关系就会恶化。总之，当父母专注于自己想要的，自然就会忽略孩子的状况，而无法提供适切的引导。

"啊！我好像也这样，我该怎么做才好？"薇薇妈妈急迫地问。

先把自己调整到淡定状态，就可看到孩子的"全面"样貌，包括优点和缺点，如此一来，鼓励、赞美等正向策略才派得上用场，并增加"爱的存款"，孩子也可在父母的信任中健全成长。

我也曾陷于无法淡定的苦恼中，向专家讨教也没太大帮助。经过自己长久的摸索、尝试后才发现，在让心态持续保持"山不转路转，路不转人转，人不转心转"的弹性下，我越来越宽心，进而慢慢可做到淡定。本章将介绍我曾用来安抚焦虑的二十四种想法，欢迎你参考看看。

先觉察自己当下的心情

> 管教时，如果觉察到自己很不耐烦、受不了了，就是理性脑快撑不住的警讯，这时，请先停止处理孩子的事情，马上给自己喘息、放松的机会，才可避免做出破坏亲子关系的事。

人的心情是"动态"的，会随着外在事件或环境而变动。若想做到"淡定"，必须先清楚自己当下的情绪如何，才能做出适当的调整。我们可运用美国神经科学家保罗·麦克林的"三脑一体论"（图 3-1），来协助我们尽量维持在平稳状态中。

保罗·麦克林主张人类的头部内有三层大脑，根据进化出现的先后顺序，由内而外分别是：第一层脑"爬虫类脑（脑干）"、第二层脑"情绪脑（边缘系统）"和第三层脑"理性脑（新皮质层）"。

这三层脑具有不同的功能且相互影响，爬虫类脑掌管生

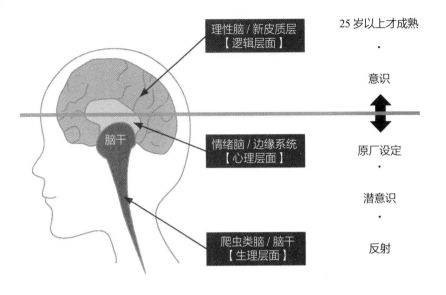

图 3-1 "三脑一体",不同脑掌控不同功能

理层面,负责掌控维持生存的基本功能,像是呼吸、心跳及平衡的自动化运作;情绪脑则特别记忆恐惧、害怕等心情,关注什么是很危险的,要如何才能生存下来,因而发展出"战"或"逃"的生存策略;管控逻辑层面的理性脑注重后果,支配着理性分析的思考能力、情绪调节、同理心、道德批判、人际关系等。

心脏对这三层脑的能量供给是有先后顺序的:距离心脏最近的爬虫类脑会先获得能量,之后是情绪脑,最后才是理性脑。

当人突然情绪激动时，最内两层的脑细胞会最先活跃起来，消耗掉绝大部分的能量，导致最外层负责理性的理性脑甚至几乎没有能量可用，造成"脑中一片空白"的理智断线状态，使得人做出根本不愿意做的冲动行为。

当人发现自己要战打不赢、逃也逃不了，连选择都无法选择时，只剩下最基本的活着，如同行尸走肉般，这时就掉到爬虫类脑的"僵住或冻结"生存策略中。

进一步说，人在高压或危险下，会自动转换负主责的大脑层。以登山为例，刚上山时，你心情平静（处于理性脑的状态），但在山腰突然看见一条蛇，在危险的威胁下，你可能会选择驱赶的"战斗"策略或"逃跑"策略（处于情绪脑的状态）；如果你一时间脑袋空白、什么都做不了的话，就是"冻结或僵住"了（处于爬虫类脑的状态）。当大胆的山友要上前处理时，才发现是假蛇玩具，这时危机解除，你又可放心地继续登山（又回到理性脑状态），这就是三脑因应外在事件而自动转换的运作机制。

聪明的你应该会发现，当你处在不同脑的作用状态或采用不同策略时，身心和行动会有很大的差异。

在教养上，对父母而言的高压或危险，可能是孩子老迟到、常忘东忘西、总不听话或回嘴顶撞等脱序行为，这些事件往往会把忙碌的父母一下就逼到情绪脑作用的状态，而离开淡定状态。

人在情绪脑运作时是冲动、不顾后果的，此刻对孩子说话的口吻不是批判、责骂，就是觉得烦躁而不想理他。不管是哪一种，都会引发子女做出类似的举止，也许是和你争辩，或是自顾自地一直喊"我不要听"，结果就是管教失败且又破坏了亲子感情。

假使父母长期陷入"情绪脑"状态，严重的话，孩子可能会患上忧郁症。这种现象常发生在孩子特别固执、冲动、容易分心、幼稚的父母，以及患有自闭症、儿童多动症、抽动秒语综合征、情感障碍等的特殊需求小孩的家长身上。主因是这些父母需要十倍、百倍甚至千倍的力气来养育子女，加上多年来都是全年无休地处在紧绷状态中，造成"心有余而力不足"的漏电或快没电，甚至是断电生病的状态。

倘若你在管教时，发现自己处在由理性脑掉到情绪脑的临界点，也就是进入"情绪曲线"第四期加速期时，就要立刻"喊停"，才可避免做出后悔的事。例如，当你觉得很不耐烦、受不了了、怒不可遏了，千万要用最后一分理智来踩刹车。你可跟孩子说："我需要调整一下心情，半小时后再回来讨论。"接着先照顾好自己，无论是看看窗外的天空，还是去倒杯水喝，或是陪伴糟透的心情，都能把你从理性脑的悬崖边拉回来，重新接上理智线。

如果你不喊停，选择顺着不高兴往下滑，心情会从不悦恶化成恼怒。虽然发脾气当下似乎比较爽快，但后果是两败俱伤，还可能让自己掉到爬虫类脑的"冻结或僵住"状态中，心想："我真的被孩子搞到不知如何是好了，算了算了，不教了!"这时，你就先被打败了。

关于这点，我有切身的体会。我儿子不但超级固执，而且比我聪明，以前，我总被他搞到抓狂也没用的"冻结"无力状态，长期下来，就罹患了惊恐障碍，费了好大工夫才把自己救回来。

当我从谷底爬上来后才明白，如果觉察到自己最近常常生气，就是快被压垮的警讯——理性脑已快撑不住了，随时会崩溃，再不立即"喊停"，就会启动情绪脑，进入另一个恶性循环中。此时，务必要先停止处理孩子的事情，马上给自己喘息、放松的机会，等恢复能量及理性后，再继续给孩子有效能的引导。自从我这样改变后，我们母子的关系不但好转，也提高了纠正儿子行为的效率。

说实话，我由动不动就被孩子惹怒，到越来越常处在淡定中，是经过多年来无数次的练习、失败、抱怨、伤心、自责、检讨、再出发的过程，才慢慢渐入佳境的。所以，即使你养育着需要特别费心的子女，只要持续练习，依然是可以做到"淡定"的。

满足自己的需求

如果父母认为只要孩子改掉某个毛病，自己就不会生气了，那么是否会发火的决定权就在孩子身上，父母便会持续被子女惹怒；倘若父母先向内探索，看看期待孩子改变是想满足自己的哪些需要，就可减少对孩子发脾气的次数了。

人都有共同的需求，诸如被理解、被认同、被接纳、被尊重、被爱等，在尝试过很多方法，需求仍无法被满足时，人就会感到很不舒服，进而转为生气。

亲子关系也一样，父母在教养时产生的需要若长期未解决，轻则会暂时停止与孩子互动，重则会发怒，甚至在不知不觉中使用言语暴力，像指责孩子不懂事、故意作对，或骂他坏小孩等。

然而，此时父母内心是矛盾的，一方面真心希望孩子能成功、快乐，另一方面又因子女不符期待而不满、沮丧，进而指责小孩。但在看到子女显露消沉、没自信的模样时，又会心生担忧、内疚，或在孩子回嘴反抗时，产生愤怒、自我怀疑的感受，觉得自己教育失败。

其实，这一连串负面连锁反应的源头，是父母的需要长期没被满足。如果不想再对孩子动怒，建议的修正方向是去厘清自己有什么需求被忽略了，而非一味要求孩子使命必达。

举例来说，做事拖拖拉拉的小卢总会惹恼妈妈。如果妈妈认为只要小卢动作利落些，自己就不会生气了，她是否会发火的决定权就在孩子身上。我们都知道，改变别人比自己转变更难，所以小卢妈妈会持续被惹怒。

倘若小卢妈妈先向内探索，去看看期待孩子迅速完成指令是想满足自己的哪些需要，烦躁的心就会平静下来，例如：忙碌的妈妈有时间压力，所以有"效率"的需要；或是妈妈太累了，因而有"休息"的需要；也可能是先生怪她不会带小孩，于是她有"成就感"的需要；还可能是妈妈个性比较急，因而有"孩子合作"的需要。每个人抱怨背后的需要皆不同，要静下心来自我探寻才能厘清。

此外，家长也可直接对孩子说出自己的需求，这样需要就比较可能被满足，或者会得到子女更多的配合，自然就会减少对孩子生气的次数了。

至于要如何对孩子说出需要，这点我会在"养工具大补帖"一章的实战对策10"用我讯息取代你讯息"中详细说明。

缩小自己

> 随着孩子成长，父母要逐步把人生的掌控权交还给他，缩
> 小自己、让出权力水杯的空间后，反而更能看清孩子的成长变化
> 及需求，并适时提供引导，同时也能让小孩更自由地发展自我。

两人相处时，必然存在着隐形的权力竞争。就像同时容纳
亲子双方权限的一百毫升水杯中，倘若家长的水所占比例较高，
孩子的占比就会变小，而最健康的比例是各占一半。

再提醒一次，成功的教养是在孩子年幼时给予亲密照顾，
当他长大后便适时放手。婴儿出生时，要完全仰赖父母才能存
活，这时，父母几乎拥有权力水杯的全部容量。随着孩子长大，
他的个人意识渐渐萌生，再加上小孩自我中心的特质，他自然
会想挤压掉父母原有的占比。如果父母因某些因素不愿减少所
占容量，进而与孩子较量，就会引发孩子的对抗。

有时，小孩不听话并非针对眼前的事件，而是针对父母长期以来没给他发挥空间，也可以说过度操控了。为避免发生这类亲子冲突，建议你在与孩子互动时，要越来越缩小自己。这样除了能给予小孩做自己的自由之外，更能协助你看清孩子当下的成长变化及需要，进而适时提供必要的引导，或明了放手的速度（图3-2）。

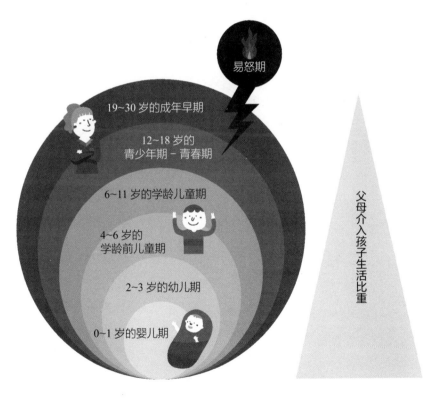

图 3-2　父母介入的比重应随孩子年龄减少

缩小自己，让出权力水杯的空间，不仅是为了教养出更独立、有自信的孩子，更是为了减轻小孩对抗的力道，如此一来，父母也就更容易做到淡定了。

不随孩子的心情起舞

> 父母在睡好、吃好、较轻松或心情好时，比较不容易被孩子的情绪牵动，建议用"严选我的心情温度"策略，来协助自己与孩子的情绪分离。

小孩除了不成熟，还经常为所欲为，若不合他的意，往往会不分场合、时机、地点使劲哭闹对抗，让父母很头痛。

如果这时家长已睡饱喝足了，手上也没有急事待办，或许还可耐心地安抚孩子；若遇上精力、时间都不够用的情况，父母自己已是忙乱不堪了，小孩还火上浇油吵闹不休，就会烦躁不已，反射性地想立刻中止这干扰行为，于是想也不想就开骂打人，结果又再度发生孩子难过、父母懊悔的局面。

在孩子出生时，我相信大部分家长都只期盼他们能开心幸福一辈子。但在教养过程中被一连串挫折磨损掉满满耐心后，父母就渐渐对小孩感到不耐烦，脱口责骂的次数也越来越频繁，而父母的自责也越来越重。

看到孩子挨骂挨打后伤心哭泣，家长都会因内疚而自我告诫"下次要好好说，不要再打骂他了"，但不知为何仍会持续重演相同剧目。我以前也是如此，后来，我发现如果想终结这样的恶性循环，就得"理智地"强迫自己，不要随孩子的心情起舞。因为人的情绪会互相影响，尤其在亲近的家人之间更明显，所以更要有自觉地阻断这反应。

然而，生活中总有许多事情要操心，即使心中已做了不随之起舞的决定，但一不留意，又会无意识地被小孩的心情牵动而生气。

我曾被这件事困扰许久，也试了很多方法来提醒自己保持理智，包括：在房间贴字条提醒自己；起床时，用手摸着心脏说"你一定可以不受孩子的心情影响"，借由自我鼓励提高做到的次数；在听到自己对孩子用严厉语气说话时能马上住嘴，回房间去消化激动的情绪，等等。

后来，我发现当我睡好、吃好、较轻松或心情好时，比较不容易被孩子的情绪牵动，所以我会用"严选心情温度"策略，来协助自己与儿子的情绪分离。当我处在平稳状态，才有清楚的头脑找出适合的教养技巧，以应对孩子眼前的混乱，充分发挥专业知识的效用。

效法奸商心态

> 只要孩子能听话，做父母的我们愿意做任何事，因为我们唯一的目标是拥有乖巧小孩，其他事情就不用太在意了。

你是否听过"商人无祖国"这句话？这是指商人总是在商言商、唯利是图，仅在意自己的个人利益，并不注重国家利益。奸商更是把这点发挥得淋漓尽致，只要能赚到钱，做什么事情都可以。有钱赚就"甘愿"，即使遇到奥客[1]，也会大大降低生气的概率。

我们可效法奸商的心态：只要孩子能听话，做父母的我们愿意做任何事，因为我们唯一的目标是拥有乖巧小孩，其他事情就不用太在意了。例如，忙碌中仍要刻意抽出时间和他培养

---

[1] 奥客：闽南语，可直译为"烂客人"，比如买东西时挑东拣西、乱讲价之类的顾客。——编注

感情、放下习惯的上对下教养方式、舍弃父母权柄而用尊重协商的方法来教养、不计较小孩无理性的回嘴或行为等，诸如此类会让父母觉得费神费力或有失尊严的做法通通不要介意。

在被客人刁难时，奸商也有自尊被践踏的感受，但为了赚钱，什么都无所谓，赚到钱是置顶的不二选择。奸商就是因为能无比坚定地抱持此信念，才能成为富翁。

所以当我被孩子气到想把他丢出门时，就会在内心不断告诉自己："我是奸商我是奸商我是奸商……"让自己更愿意放下对自尊或是非的执着，使烦躁的心渐渐平复。

你可能会好奇，奸商遇到无知又自以为是的客户时，又是如何做成生意的呢？

他会用尊重的态度来和客户沟通，而他引导的方式却如同在教幼儿园小孩般浅显易懂，因为这样既可满足客户被尊敬的需求，又能提供他实质的帮助。所以你在教养想自己做主又常闯祸的孩子时，建议套用奸商的方法，反正达到目标最重要。这策略用在患有阿斯佩格综合征、自闭症、儿童多动症的孩子身上特别管用。

"说故事"来避开孩子的地雷

> 以"说故事"的形式教诲孩子，因为谈论的不是孩子本身，他便不会因被踩到脚痛而恼羞成怒、心生抗拒，所以更能接受你提供的参考信息和方案。

每个人心中都有不想被提及的痛点，因为觉得太羞耻了，实在不想面对，希望最好全世界都没有人知道。

所以平常你就要觉察孩子不想面对的罩门①，在教养时，要聪明地避开这点，千万不要哪壶不开提哪壶，而引起孩子发飙。此外，在引导孩子时，可用讨论第三人或说故事的形式，因为谈论的对象是别人，就不用顾及是否会不小心伤到孩子，而可在无压力下说出想说的话，让自己能在较平稳的心情下教育子女。

---

① 罩门：指短处，痛点，弱点。——编注

举例来说，圆滚滚的薇薇对身材感到自卑，但又很贪吃，即使妈妈限制她吃零食，她仍会忍不住偷吃。有一次，妈妈发现她竟然一口气吃完一大包薯片，便又急又气地责骂她："你就是这么不听话，才会胖成这样！"

妈妈说的是事实，但触及薇薇的罩门——肥胖，所以她在恼羞成怒下，便激烈地与妈妈争吵，唇枪舌剑间，也不断地狠戳妈妈的痛点，弄得两败俱伤。妈妈的善意提醒因踩到孩子的心理地雷，不但没能成功纠正她的不良行为，反而在彼此心中烙下新的伤痕。

其实，薇薇妈妈可用"说故事"的替代方案来引导孩子。

例如：妈妈可假装不经意地聊起友人的孩子想减肥，但自己缺乏毅力，就找她妈妈协助。她们先将零食柜上锁，并约定好一天只能吃多少分量，由妈妈帮忙分配。她乖乖做到时，妈妈会在日历上打钩，等她集满三十个钩，就能换一个她想要的礼物。几个月后，这孩子已不再只能穿 XL 号的衣服，她好开心，觉得自己变漂亮了，妈妈也很高兴。

以"说故事"的形式，让孩子明白行为的前因后果及改善方式，因谈论的不是孩子本人，他不会因被触碰到痛点而生气。这样就可在维持孩子自尊的前提下，为他提供参考信息和方案，并让他思考、选择要不要如法炮制。这方法对于天生固着的阿斯儿^①或自尊强的小孩很有效，我个人特别推荐。

如果小孩主动提出其他方法更好，尤其又要求家长协助的话，那就会更快见到转变的成效，因为动力来自孩子的内在，他会更认真地执行，家长就更省力了。

要提醒大家的是，分享完故事后就要停止，不要再追问孩子要不要也这样做，否则会给孩子造成压力。当他感到有压力或不安全时，就会直接拒绝你的任何提议。

即使孩子没接话，但这好方法的种子已在他心中种下，某一天时机对了，这种子可能就会发芽成长了。

这方式在我的孩子及辅导个案身上已成功过许多次，建议你采用这样旁敲侧击的方式来教育小孩。孩子有了选择空间，配合你引导的可能性就会增高，你也可以维持在平稳状态了。

---

① 阿斯儿：指患有阿斯佩格综合征的孩子。

将孩子的学习成果归零

> 不去管孩子是"不愿意"还是"做不到",就直接认定"他
> 不会",这样你内在才不会有拉扯,比较可以用第一次教的平和
> 心态来引导他。

有些孩子对没兴趣的事会左耳进右耳出,当你说教、叮咛
时,他即使口头上说"听到了",实际上,你的话他完全没吸
收,因而根本起不了作用。之后,他很容易又会再犯同样的错
误。当孩子重蹈覆辙,甚至成了累犯,相信没几位父母可抱持
第一次教导时的心平气和,往往会对孩子严词厉色、从重量刑,
期待他牢牢记住。

这时,父母因失去耐心,就偏离淡定的轨道了。

只要父母一凶,孩子不是暂时隐忍,就是当面回嘴,丝毫
不会反省是自己从不用心记住才会重复犯错。倘若父母在此时

认定"你是故意的",很容易会对孩子更加严厉,这又会激起孩子的反抗心,而造成亲子关系疏离。

此时,建议你先采取奸商心态,盯着"让孩子听话"的目标,逼自己由发飙期的盛怒冷静下来。等你回到情绪曲线的平稳恢复期,再重新教他一次。但这次要先把孩子的学习成果归零,"假装"自己是第一次教,在这样的心态下,就可消除因"孩子老教不会"所累积的负面情绪。

不去管孩子是"不愿意"还是"做不到",就直接认定"他不会",这样你内在才不会有拉扯,比较可以用第一次教的平和心态来引导他。我知道要做到这程度并不容易,但这是放过彼此的好策略,还是值得一试。

以上只是"为了实现理想"的暂时性策略,正如你站在较低的屋檐下,若不想撞到头,弯腰是临时的权宜之计,丝毫不会颠覆你对自我的看法,不用觉得委屈。

实战对策 **8**

厘清自己的想法、价值观和信念

我们都带着自己心中的量尺在衡量世界。当你认为做人应该勤奋时，就会无法接受孩子懒散。所以若想改善亲子关系，父母要更认识自己的想法、价值观和信念。

我们都知道，同理孩子的心情，就可化解即将发生的冲突，但大部分的家长都不太容易做到，因为自己当下心里就有气或很焦虑——自己都不稳定了，哪来的能量去同理小孩?

你是否想过这心情是从哪里来的? 其实，它往往都是来自你的"想法""价值观""信念"。当孩子的举止与这三点相左时，你就会不知不觉地不高兴。

让我们借用冰山理论来进一步说明（图3-3）。水面以上的冰山是可被观察到的行为，而水面下的冰山，由上往下分别是情绪、想法、价值观和信念，越往下面，越难觉察。

图 3-3 行为只是冰山一角

你可以借由表 3-1 来了解会触发自己心情的想法、价值观和信念。

由表 3-1 可知，你的想法、价值观和信念会左右你的心情，也就是说，只要孩子的行为超过这三项的范畴，你就会生气或有其他不舒服的感受，而且心情强度和该行为触犯到哪个分类有关。

表 3-1　想法、价值观、信念的比较

项目	想法	价值观	信念
定义	指对于人、事物所抱持的特定"看法"。	指"衡量"人、事物的意义、重要性等指标后，认为总评价较高的事项，没有道德上的对错。	指不经思索、"理所当然地坚信"其正确性的某种观点，且自己的行为会受其支配。 信念是在幼年还不会思考、诠释时所产生的感受，所以不见得是理性的。因其是隐藏的，甚至会在连本人都不知道时，被它引发强烈感受。
语言线索	我觉得。	我觉得 A 比 B 好。	我就是、我认定、我一直、我永远。
改变难度	容易改变。	可随现况改变，但要经过选择过程。	信念与归属感、安全感有关，因此很难转变，但可在学习成长后调整。
引发的情绪强度	极小，因是理性的，人们不会为想法而与他人争辩。	较大，因价值观被挑战时，会牵涉到自我认同与偏好。	最强烈，因信念多源自感受，而非想法。

项目	想法	价值观	信念
范例	妻说："我觉得儿子成绩好，个性又内向，可以读理科，以后当工程师。" 夫答："我觉得他很细心，适合当医生。" 妻觉得若考得上医科也可以。	妈妈说："数学成绩比美术成绩重要，数学好可以让你考上好学校，但有很多画家都养不活自己，为了将来着想，你要多花点时间在数学上。" 妈妈的价值观是未来发展比较重要，这点若被孩子反驳，她就会生气。	爸爸说："我讨厌别人乱发脾气。" 因为爸爸有"乱发脾气很糟糕"的信念，所以不允许自己生气，当他脾气不好时，也会觉得自己很糟。 此外，当他看到孩子动不动就生气时，因抵触到他的信念，所以也会不高兴。

然而，你的想法、价值观和信念一定是放诸四海皆准吗？举例来说，你觉得蓝色最好看，但全世界的人都这么认为吗？

把这概念套用到教养上，所谓"一样米养百样人"，即使小孩是你生的，他的想法、价值观和信念也不见得会百分之百与你相同。因此管教孩子时，没有最好的策略，只有适不适合的方法，也就是"父母好，孩子也好"的双赢计策（图3-4），换句话说，要在亲子各自的世界圈中找到交集。

为达到这目标，你得先弄清楚自己在什么情况下会产生情绪，并在自己不稳定时愿意向内探究，以明了自己是不接受什

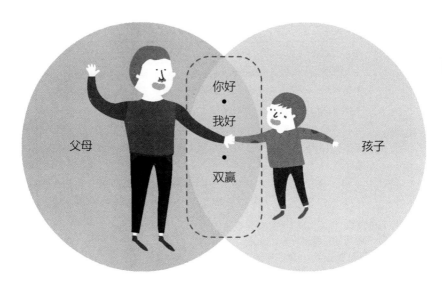

图 3-4　在亲子的世界圈交集处找到双赢管教计策

么事。换句话说,你生气或抱怨的点,就是你的想法、价值观、信念所在之处,看懂了,自然就会变得较平静。调整好自己之后,才能将自己不想碰触的地方清楚传达给懵懂的小孩,协助他知道做哪些事会让彼此都愉快。

　　有个妈妈不断抱怨读大学的儿子暑假整天躲在房间,作息很不正常,连吃个饭都要人三催四请,甚至都不做功课,也没学习工作技能,她真不知家里怎么会养出一个这么懒散的孩子。

　　妈妈会这么想,是因为儿子的行为严重抵触了她的信念——人要勤奋,懒散会养不活自己,所以当她看到儿子不会照顾自己又不培养工作技能时，就很担心他会一直这样无所事事，生怕他未来无法独立自主。此时，妈妈心里有着很强烈的担心和不满。

倘若妈妈能明了自己的信念，并明白自己的担忧源自孩子的懒散，就可直截了当地对儿子表示："你已经成年了，我希望你能作息正常，这样身体才会健康。我也希望你有一技之长，将来才能养活自己。当你没做到这些时，我就会很焦虑、很生气。"如此一来，妈妈就能在淡定的状态下传达心声，并且引导儿子往她期待的方向前进。

你可能会好奇，要如何发现自己的信念？

因为信念深深隐藏在想法和价值观下面，所以发现信念的最好线索就是"心情"，你可以在自己有情绪时问问自己："我在想什么？"

以上述案例来说，妈妈看到孩子懒散而烦躁时，可自问：

1. 我现在的心情是什么？
↓生气

2. 我在气什么？
↓气孩子不会照顾自己，又不培养工作技能，这样将来怎么养活自己？

3. 我认为人要怎么样才能养活自己?

↓勤奋

4. 谁说勤奋才能养活自己?

↓本来就是这样，不勤奋要如何赚钱?

看到了吗? 这位妈妈理所当然地说"就是"，这是信念的语言线索。通过自我对话的方式，她就能发现自己有"人要勤奋，懒散会养不活自己"的信念了。

其实，要发现信念并不容易。我在练习时，会把想到的讯息写下，并不断自问"还有吗"，这样会让原本没想到的点一一浮现。像这样不断往内心深处挖掘后，你会讶异自己竟有这些观点，并遇见未知的自己。这是一门很深的功夫。

人要先能自我接纳，才可能去接纳别人，因为我们都带着自己的量尺在衡量世界。当妈妈认为人不能懒散时，就不能接受孩子的懒散行为，进而会责骂他。若想改善恶劣的亲子关系，建议父母要更透彻地认识自己的想法、价值观和信念。

当你看清自己的内在图像后，就不会带着模糊的焦虑与孩子交流，自然就比较容易用温柔的心与孩子互动，并令关系升温。和孩子对话的起点与终点，都是让自己先回到平静的位置上，即便小孩瞎扯、说了不合理的话，因你明了自己的需求所在，所以仍可维持淡定。

科普一下

冰山理论（Iceberg Theory）乃世界知名的家庭治疗先驱维吉尼亚·萨提亚（Virginia Satir）所提出，她以此隐喻来表达人类因外在行为与内在心理不一致而引起了种种困顿。人的外在行为就像冰山露在水平面以上的部分，只占整座冰山的八分之一，其他部分则位在水平面以下，包含内在的感受、观点、期待、渴望及自我，所以要更深层地去探究人的内在，才能真正明了为何他会做出某种行为。

实战对策 **9**

由"我"到"找"

> 不预设立场，才可看见孩子到底怎么了，进而用淡定心态
> 对症下药，引导他修正不当行为。

当我们清楚自己的状态，并安顿好内心时，就是处在准备好的"我"状态，接着，就要进入"找"的阶段，去发掘造成孩子行为不良的原因。

首先，请看看"我"与"找"（图3-5）这两个字有何差异？

图3-5 "我"与"找"

相信你一定看得出来，"找"比"我"少了左上角的一撇，这一撇就是"预设立场"。当"我"去掉这一撇，就能"找"到对方行为背后的原因了。

倘若父母不肯改变"我"，一味执着在自己的预设立场，就会找不到解决孩子问题的可能性。当我们从不预设立场（not knowing）的角度，来看孩子须修正的举止时，才能退后一步客观思考，他这行为背后的重要理由是什么，如此才有机会找出双赢的处理策略。

然而，亲子因为长年紧密地生活，双方都在不知不觉中摸熟了彼此的套路，同时也被对方"训练"了。

比方说，懒散的小孩知道忙碌的妈妈没时间和他磨，所以当妈妈不允许他做某些事（如刷手机）时，他只要不断地纠缠吵闹，妈妈就会主动缴械投降。换句话说，闲着没事干的孩子只要死缠烂打就可以得逞。妈妈也不是看不懂孩子的招数，但碍于自己实在太忙了，而且孩子眼前的行为后果并不严重，权衡之下，就选择去处理更急迫的事情。

但是，妈妈不会永远都这么忙碌，当她空闲时看到孩子在刷手机，脑中就会主动联想到小孩的懒散习性，进而推定他又不做正事，于是就怒斥他不做功课。这一连串的自动化反应，就是妈妈被孩子"训练"的结果。

妈妈没料到这回情况不同，孩子这次刷手机是为了查小组报告的资料，而非玩在线游戏。孩子被妈妈误会了，所以很容易会采用"攻击"模式来响应，可能是顶嘴，或是使出"逃跑"策略——委屈地含着泪缩在一旁，不管是哪一种，都会伤害亲子关系。

为了避免误解，建议你看到孩子的不良行为时，还是先采取归零策略，从"澄清"步骤做起，在明了他"此刻"的真实状况后，再决定你的应对方法。这就像我们在医院看病时，明明亲自拿着药单去领药，药师仍会再问一次姓名，以确保我们不会拿错药。核对，为的是确保"正确"。

由"我"到"找"，家长才能在不预设立场的态度下，看清孩子到底怎么了，进而淡定地对症下药，引导他修正不当举止。

"他又……" 转成 "他有没有可能是……"

> 先不认定孩子犯错是故意的，再进一步探究"有没有可能是"其他原因，这样除了可避免误解孩子，更能安顿家长焦急的心，而能和气地与孩子说话，就比较不会引起孩子反抗了。

人有时真的很固执己见，我为了降低误解孩子的概率，除了会运用由"我"到"找"的策略，也会用另一个有效的方法，那就是当我脑中冒出"他又……"时，会理智地提醒自己将思考逻辑转换成"他有没有可能是……"。

因为不管你对孩子做怎样的回应，其动力皆来自你当下的心态，这心态又源于你对孩子行为的感受或心情，而感受是依你对孩子行为的诠释决定（图3-6），换句话说，你现在对孩子不良行为的态度，取决于你的想法。为了拉近亲子关系，建议你先别将孩子的举止解释为故意的，而要想他有没有可能是基

| 孩子行为 | ➡ | 诠释 | ➡ | 感受 | ➡ | 心态 | ➡ | 你的回应 |

图 3-6　回应的产生过程

于其他原因才这样做。在这样的良善基础下，你才比较耐得下心去理解孩子的状况，而不会陷入因太烦躁而动怒的恶性循环之中。

举个例子。前阵子，薇薇家附近发生拐童案，所以妈妈规定她下课后要立刻回家，不能和同学出去玩。有一天，薇薇晚归了，也没打电话报备，她一回到家，就被心急如焚的妈妈连珠炮似的斥责了将近十分钟。

骂完后，妈妈想整理玄关，就面如铁色地一把抓起薇薇的袋子，结果没拿稳而让袋子掉在地上，袋中滚出一个小盒子及一张写着"生日快乐"的卡片——瞬间，妈妈满肚子的怒气消失无踪。

看着卡片，再看红着眼眶、一脸委屈的孩子，妈妈既感动又惭愧地上前拥抱她，对自己刚才的举止后悔不已。

对于孩子晚归，一开始妈妈的诠释是"她又跑去玩了"，所以生起了气；明白孩子的用心之后，态度就变得柔和了。由此可见，家长对行为的认定会左右对待孩子的态度（图 3-7）。

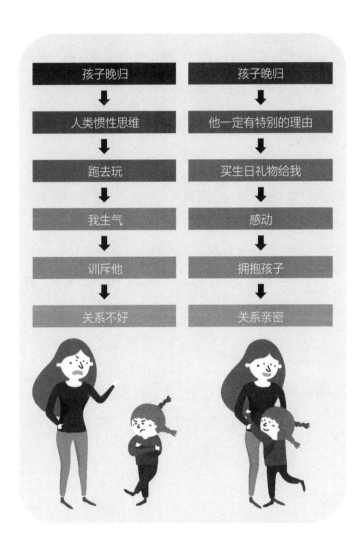

图 3-7 家长对孩子行为的诠释决定亲子关系的质量

此外，有研究报告显示，80% 的人天生悲观，遇到事情时的想法也趋于负面，因此若想维持正面的沟通基础，要刻意在生活中练习，才能成功将惯性思维转换成其他可能。

如何将"他又……"转换成"他有没有可能是……"？你可参考下列步骤：

1. 写下听到某消息时的第一个念头，譬如：原本对孩子晚归的想法是"很生气，他又跑出去玩"。

2. 再想：他这样做一定有什么重要的理由。

3. 退一步想，并写下三个其他的可能性，例如：有没有可能是班上有事要处理？

这个转换法除了可让家长避免误解孩子外，更重要的是能安顿家长焦急的心。当心安定了，自然就能较平缓地和孩子说话，这样就不会激起他反抗对立的心，一举两得，建议你试试看。

与问题共存，不放弃

当你将眼光聚焦在困境时，就增强了问题的影响力，并削弱既有的能量。在愿意接纳问题的存在后，会扩大解决问题的空间，除了可化解教养无力外，更能让你处在淡定状态中。

大部分家长在管教时都有类似经验：用尽所有办法，仍改变不了小孩的不良行为，觉得十分挫败及无奈。这状态拖得越久，焦虑、烦躁、沮丧、害怕等感受会越强烈，渐渐地，父母的耐性变差了，动不动就生气，亲子间的争吵更加频繁，落入明明深爱孩子却总控制不住对他恶言相向的矛盾中。

尤其家里有特别固执、冲动、容易分心、幼稚、白目的孩子，或是孩子患有自闭症、儿童多动症、抽动秽语综合征、情感障碍或其他障碍，父母的挑战和冲击更大，甚至会感到仿佛置身伸手不见五指的教养迷雾中。

该怎么做才能改善教养难题？

"与问题共存"就是扭转眼前无解状态的良方，邀请你依照下列步骤做做看。

一、评估现况

每个人都有不同的问题，但面对问题的心态足以左右结果。请你先为目前的教养困扰打分数，十分是"总找不到方法"，一分是"可轻松解决"，你的分数是多少？

以爱迟到的薇薇为例，妈妈为这困扰打九分。

二、找出成功经验

举一个以前的成功教养经验，无论大小皆可。过程中一定出现过困难，你是如何克服的？你认为自己哪些地方做得不错？

薇薇妈妈说，她要求健忘的孩子出门前，要在检查清单上一一比对，全部打钩后才能出门，这样可有效降低漏带东西的次数。妈妈之所以会想到这办法，是参考了公司的出货流程。因着这个经验，她发现原来自己是很有创意的。

三、找到资源

请想一想并写下身边有哪些资源可协助你处理教养难题，

例如：导师、辅导老师、朋友、亲戚、公益团体、医生／心理师等专业人员，或者有哪些课程可上，借以增强自己处理教养难题的能力。

薇薇妈妈想到的资源有：热心的导师、当校长的闺密、孩子喜欢的阿姨、朋友介绍的教养课程。更棒的是，她还想到用关键词在网络上搜索相关的书籍及论坛，让自己能快速吸收相关讯息。

四、再评估

完成前三个步骤之后，请你再为目前的教养困扰打分数，十分是"总找不到方法"，一分是"可轻松解决"，你的分数是多少？一般说来，分数应该是减少的。为什么分数会有变化？这变动的评分对你的意义是什么？

薇薇妈妈现在的分数是两分，因为她看到自己"山不转路转"的能力，还发现自己不是孤立无援，社会上有许多资源可运用。在充满希望的心态下，她帮自己加了油，又可以再发动"教养跑车"了。

你可能会好奇，薇薇妈妈是如何解决孩子迟到问题的？

首先，她仔细阅读收集到的书籍及相关内容，并和愿意协助她的人商谈后，拟出一个三方接轨策略：

A. 薇薇迟到两分钟时，妈妈给一张红点贴纸；若准时到，就给三张。

B. 导师如果看到她迟了两分钟，就口头鼓励说"进步了"；若她准点到校，则在下课时刻意拍拍她的肩说："老师好高兴你没迟到。"

C. 阿姨则和薇薇约定，如果她连续三天没迟到，就请她吃麦当劳，若持续一周就给五百元奖金。

以这样渐进式的多方支持，薇薇环绕在对她充满信任和鼓励的眼光中，总算开始减少迟到的次数了。

由上述案例可看出，当你将眼光聚焦在困境时，就增强了问题的影响力，并削弱既有的能量。在愿意接纳问题的存在后，原本占据心灵的焦虑感自然会减少，腾出来的心灵空间，则由检视自我能力和周遭资源来填满。如此一来，你不但会发现问题变小了，还能发掘出许多解决问题的方法。

简而言之，与问题共存，除了可化解教养无力外，更能让你处在淡定状态中。

把他当成隔壁家小孩

关心则乱。如果你开始对孩子感到不耐烦，要立刻有意识地提醒自己："这个'邻居'的孩子真不乖。"再开口点拨他要怎么做，这样既可降低你的焦虑，也能对孩子做有效引导。

人会生气，背后一定有尚未满足的需求。

对父母而言，通常是看到小孩做错了，担心他这样继续下去，将来会处处碰壁或有不良后果，因为舍不得心爱的孩子未来受苦，而想提前预防性地纠正他。

然而，关心则乱！

心急的你看到孩子没改变或修正速度很慢时，往往会更焦虑，于是就加强力道，希望小孩能迅速改正。这时，不成熟的孩子可能因不明了父母的用心，认为你在操控他，便心生不满而更加抗拒。通常父母看到这样，会用更多方法来让孩子就范，又刺激子女做出让人生气的行为。就这样，亲子互相拉扯的力道越来越强，最后就扯断了你的理智线，你的怒火倾盆而出，脱口骂了不想骂的话。此刻，你是处在十分焦躁不安的状态。

试想，如果他是隔壁家的小孩，相信你的焦虑会减轻很多，因为孩子就算不改，对你也没有影响。由此可知，在拉开你和子女的心理距离后，你可以试着用平稳、坚定的语调来教小孩，帮助他更有效地修正问题行为。

──● 过来人老实说

我个性很急、执行力强、创意十足，加上经历了外企只看结果不问原因的长期训练，我已养成仅关注结果的做事习惯。当孩子没依照我的期待做事时，我可以很快地"变"出许多方法，"逼"他乖乖听话。

然而，孩子是我生的，他不但聪明，还青出于蓝，总能见招拆招地抵制我。以前，我总是被他气到跳脚，完全丧失理智和既有能力。更气人的是，他竟然还会在旁边偷笑。

那时，我引以为傲的干练和做母亲的尊严，瞬──间──瓦──解。我没想到自己竟然被独自奋力拉拔长大的亲生孩子完全打趴在地，却拿他一点办法都没有！这深深打击了我的自信，并让我开始怀疑自己。长年遭受羞愧感和挫败感的反复冲击，素有女强人之称的我终于被击垮了。坚强的我，竟罹患了惊恐障碍。

这是来自身体的警讯，提醒我到目前为止的作为都是无效的，必须另寻他法。不然，如果单亲的我倒了，谁来照顾我孩子？

幸好，在"不甘心"的驱使下，我摘下了无所不能的面具，虚心地到处向专家和前辈讨教。每学到一个新概念，我就立刻运用在孩子身上，假如失败了，就逃回房间抱着枕头大哭一场，泪干了，又回去找专家，研究我到底哪里出错，还可以做什么改进，调整过后，再将所学应用在孩子身上。

当然，事情不会这么顺利，要来来回回地尝试、修改、再试验、再修正，有时甚至是再努力也找不到答案。这个过程就像在雕塑，历经千次以上的微调再微调都是正常的。

其中最难熬的是，当绝望念头一再浮起，不断听到内心"要放弃"的声音时，我如何坚持下去。

还好老天没忘记我，总在我遭逢绝境时，派出不同使者来拯救我。有的人只是静静听我吐苦水，放松了紧绷的我；有的人会推荐我去上可能有帮助的课程、教我几招不错的方法或找他老师为我解惑，拓展了我的教养策略；有的人常打电话关心我、给我温暖肯定的眼神，或强拉已自我封闭的我外出透气，滋润我即将枯竭的心，让我感觉到自己还有人在乎，并不孤单。

不管是哪一种，都让精疲力竭、觉得被世界遗弃的我有被充电的感受。就这样，在许许多多贵人的引导与支撑下，我终于摇摇晃晃地走到今天，也看到曾让我忧心的孩子将来可能独立自主的雏形了。

在漫长的学习修正过程中，固执的我终于悟到一个真理——有效的就继续做，没效的就立即停止。

为什么人知道该停止却停不下来？

主因是太焦虑。人在着急、恐惧时，不但会失去既有的能力，连创意和弹性也会一并被囚禁。

记得过去老师常提醒我要放轻松，但以前自视甚高的我，总觉得有问题的是孩子，我是对的！在这样的错误认知下，该改变的我并未转换做法，才让我们母子白白吃了好多年的苦。

现在，我明白了，遇到问题时，要先设法释放自己的焦虑，让聪明才智有空间充分施展；等自己恢复平稳后，再来解决困扰，如此才能事半功倍。

● 必胜小秘诀

当你开始对孩子感到不耐烦时，就要立刻有意识地提醒自己："这个'邻居'的孩子真不乖。"之后再开口点拨他要怎么做，这样既可降低你的焦虑，也能对孩子做有效的引导。

起初，你一定会觉得很别扭，这是正常的，习惯成自然，越练习会越顺手。要相信，你的努力必会换得千金难买的甜蜜家庭时光，加油！

分清楚是孩子的事或我的事

> 先分辨"这件事最后受影响的是谁"。如果是孩子，就事先规劝，并告知可能的后果，也强调自己不会善后。在孩子犯错后，父母要确实执行先前的约定。当孩子尝到行为的后果，就会因很痛而主动改变。

在一次我带领的亲职工作坊中，讨论到子女不良行为的应对态度，我看到两大类家长。

第一类父母为孩子操碎了心，因看到他持续着须修正的举止忧心焦虑不已，进而变成动不动就发脾气，严重的人还为此胃痛、失眠。

另一类家长会先分辨："这件事最后受影响的是谁？"如果是孩子，就事先规劝子女并告知可能的后果，也强调自己不会善后。在孩子又犯错后，这些父母会认真执行先前的约定。当孩子尝到行为的后果，就会因为很痛而主动改变。这样家长就不必费太多力气来纠正孩子，所以管教时心情较为平稳。

请你也想一想，自己的教养方式比较偏向第一类"怕孩子受苦而总想帮他解决问题"，还是第二类"教导后就放手让孩子体会"？

不同类型的教养态度会影响你能否做到"淡定"。作为第一类的家长，当你想尽力帮孩子扫除障碍时，你或许已帮子女做了他能力可及的事，在无意间壮大了孩子的惰性，或者因"干涉"到他的自我意识，而引发他对抗拉扯的行为。不管是哪种，这类父母因承担了子女的生命责任，必然会吃力不讨好且越帮越累，在身心透支的情形下，就别指望在教养时还能维持心情平稳了。

第二类的家长是"进化版"的父母。因学习过许多管教技巧，明白为了培养独立自主的小孩，必须清楚区分亲子的责任范围，更懂得在提醒过后要"狠心"让孩子面对错误选择的结果。保护自己是人的天性，所以孩子吃到苦头，也知道父母不会帮他善后，就懂得要避免再犯错。如此一来，家长不用为纠正孩子而过度操心，自然就更容易做到"淡定"了。

有人可能会问，何时该开始这样的管教？

建议越早越好，父母若在孩子还小时就让他自行完成能力可及的事，即使他做得乱七八糟，仍放手让他摸索学习，那么除了可在管教时较不焦虑外，往后也会更省心，不用老因孩子管不动而急躁到大吼大叫。

例如：对不满两岁的小娃娃，可以让他把自己的尿布拿到垃圾桶丢，让他开始习惯分担家事，并学习自我照顾的生活能力；你还可趁机好好赞美孩子一番，增进亲子感情，一举数得。

●　过来人老实说

在外企担任主管又单亲的我，有时是五天飞四座城市，忙到自顾不暇。我总陷于生存和教养"蜡烛两头烧"的困境，为了活下来，不得已只能将孩子的教养全部外包。家里有全天候的保姆照顾孩子的生活起居，平日校车会到家接送他上下学，放学后有家教上门辅导功课，周末安排不同的才艺老师一对一教学，以及陪打球锻炼体能。

虽然对孩子有亏欠，但这已是我能力所及的最好安排了。至于和孩子的相处，我只能安慰自己重质不重量。

然而，我却疏忽了教养最重要的一环——训练孩子独立自主。

等孩子上了初中，我才亲自带他，也揭开了亲子冲突的序幕。说实话，过去忙于工作的我不太了解儿子，加上他正值青春期，脾气特别火爆，我随意的举动都可能会踩到他的地雷，更别说管教了。当我看到他房间脏乱，主动帮他打扫整理时，往往换来凶狠对待。这令我伤透了心，也感到极度错愕及挫败，在数不清的夜晚，都是泪水陪我度过。

后来，借由持续上课，我在相关知识的引导下，终于慢慢摸索出方向，一点一点地在我和孩子间的冰山凿出一条路来。

这成功的关键就是——把孩子的责任还给他。

我学习到要厘清责任界限，而且应随着孩子成长而后退，只要在他做得到的范围内，就该由他自己完成。儿子的房间乱是他的事，住起来不舒服的人是他，不是我；若长虫了，被吓到的也是他，反正死不了人，等到他被虫咬到受不了时，他自己就会整理了。人，毕竟有求生的本能。

我不必因自己舍不得孩子受苦或看不过去，而"跨界"帮他打扫房间。除了耗费心力外，还会被孩子骂得狗血淋头。当父母不必当得这么委屈，太不值得、太不爱自己了。

然而，很少有家长在看到孩子的房间脏到爬出蟑螂时，仍会无动于衷。我也是，所以过去曾强行帮他打扫好多次，但换来的却是亲子对吼、伤心痛哭、胃痛失眠等惨败教训，真是吃力又不讨好。

实在是痛够了，固执的我已没力了，再也不想面对这般败战。无奈之下，我只好关起孩子的房门，眼不见为净，并在他门口喷杀虫剂，阻止蟑螂攻陷家里其他区域，降低我被影响的程度。

在这不得已的策略下，我们母子竟然找到了久违的片刻安宁。

那时，我才真正明了为什么教养理论一直强调要划清界限，原来这是家长与子女可和平共处的原则。我有我的标准，孩子有他的期待，若我不尊重他的想法，即使帮他做事是出于善意，仍会被他诠释成威胁、侵犯，造成亲子关系紧绷。

但是，当孩子的行为影响到我的生活时，该怎么办？

除非孩子犯了触及底线的问题行为，也就是发生了有关伤人、伤己和违法的事件时，我才会强行介入，不然，我会先保全自己。因为我无法认同他的做法，也不愿自己被拖下水，所以我采取"划界限"的策略。我会事先让孩子清楚知道我的底线，若违规，我绝对会执行罚则。

在长年数不尽的委屈、愤恨和泪水中，我淬炼出一个信念——没有人天生是完全为另一个人而活的。因此在疼爱孩子之余，我也得关怀自己：若连我都不爱护自己，谁会在乎我？

你可能想问，我儿子后来有没有打扫自己的房间？有的，大约是半年后，他说房间太挤了，才动手收拾。看到他整理时，我暗自窃喜，还好当初忍住了，强迫自己闭上双眼随他去乱，不然，就很难见证孩子独立自主的萌芽时刻了。

我觉醒得太晚，错过了轻松教养的黄金期，想纠正孩子的行为时就十分费力。可是，只要愿意改变，我坚信迟早都会看到成果的。

我的教养目标是孩子将来可以独立自主，所以他必须分担家务。我们约定好，我买菜、做饭，他洗碗、倒垃圾，若他耍赖不洗碗，不但下一餐没他的份，我还会把碗盘搬到他的房间。这对他来说是一件不可容忍的事。

我为何要踩在孩子的痛点上呢？因为我要让他明白我的决心和不退让的界限。亲子双人舞是"斗智"和"比耐心"的过程。

现在，只要看到孩子饭后又不洗碗，我就默不作声地站起来收拾碗盘，爱耍赖的他知道我将执行罚则，就会立刻跳起来抢下盘子，乖乖拿去洗了。虽然还不到满分，但继续训练下去，我相信我未来的日子会越来越舒坦。

● 必胜小秘诀

没有人天生就知道如何当个好父母，大都是遇到困扰才开始找方法解决。

亲爱的父母们，千万不要因为太爱小孩而"过界"，帮他做了他应做的事，这不但会阻碍他成长，还可能养出啃老族，让自己陷于痛苦深渊，弄得两败俱伤。为了双方未来的幸福，聪明的你，现在就得开始学习忍住不帮孩子做事。

某些程度上，教养小孩很像在"修行"，修的是你的动心起念！

"装弱"来激发孩子的责任感

> 孩子没有后盾时，为了要活下去，再不会也得硬着头皮尝试，他的责任感就可被激发出来了。

许多家长对孩子生气，是因为他该做的事没做，而给自己造成困扰，譬如：忘东忘西、迟到、耍赖、不守家规等。换句话说，倘若子女尽到自己的责任，父母就不会动怒了，因此要设法激发孩子的责任感，让他主动完成该做的事项。

有研究显示，越能干的父母养出的小孩越无能，为什么？因为他们爱子心切，期待孩子可以永远快乐，于是自己做得到的事就先帮小孩做完了；或因为舍不得小孩做不好时挫折伤心，就动手帮他处理。无论是哪一种，都剥夺了孩子尝试、学习的机会。

如果你是孩子，从小过着衣来伸手、饭来张口的日子，长大后，倘若父母突然要求你独立自主，应该会很错愕吧！一方面是你不知道该怎么做，因为从来没做过；另一方面，你也很难接受父母一反常态，毕竟从小到大都是被他们服侍着，已经习惯了。所以孩子不负责任，原因主要出在父母过于爱护。

这就是为人父母的挑战。期待宝贝可以永远开心，而主动帮他做了他的事，虽然很累但满足了自己疼爱小孩的心，却在无意间成了"直升机父母"。然而，这个主动服务会加深孩子的惰性，反而可能让他变成浑浑噩噩的啃老族。爱他反而害他，家长该如何解决这个矛盾？

为达到培养孩子责任感的目标，建议家长绕个弯来爱孩子。也就是说，在培养他能独当一面的前提下，只要是他能力所及的事就放手让他做。起初，孩子若做得不好也别在意，父母要闭上双眼、耐下心让他练习，错久了自然就可学会。

有人问："孩子很会赖皮，我又没时间和他耗，怎么办？"

这时候就可用"装弱"的策略：当孩子没有后盾时，为了要活下去，再不会也得硬着头皮尝试，他的责任感就可被激发出来了。

我是到孩子初中时才开始自己带他，错过了小时候训练的黄金阶段，又碰到青少年的风暴期，所以要他顺着我的指令做，简直比登天还难。后来用了"装弱"策略，才让儿子开始尝试做家事。

举例来说，有一天，我假装生病躺在床上，用虚弱的声音跟儿子说："我想洗你的制服，但我爬不起来，怎么办？"原本不愿学如何使用洗衣机的孩子愣了一下后，主动问我要怎么洗，最后，他不但洗好衣服，还主动晾好了。

瞧，多轻松！以前我不管是说理或硬碰硬，儿子总有办法耍赖不洗，如今一旦没了后盾，自己就会设法解决。我要是早点知道这策略，就不用气到胃痛了。

想做到淡定，有时不能太诚实以对，还是要用计策才可以。

实战对策 **15**

设定明确的管教界限

> 设立清楚的管教界限，事先向孩子表明有哪些行为是被允许的，哪些是不可以的，并告知违规时你会如何对待他，可降低你生气的概率。

小孩犯错是正常的，因为他们还在成长且生活经验不足，假使父母能设立清楚的管教界限，事先向孩子表明有哪些行为是被允许的，哪些是不可以的，并告知违规时你将如何对待他，家长就能降低生气的概率了。也就是说，给孩子明确的应对进退依据与规则，让他知道什么行为不该做，而在哪些范围内他是自由的。在清楚的规范下，孩子才不会误踩父母的地雷。另外，这界限也可协助孩子养成自制力与责任感，对他未来的幸福有很大帮助。

你可能会想，管教界限该设什么？

因每位家长的价值观和信念不同，教养的容忍范围也会随之而异，但我建议要包含下面四个方向。

一、不伤己

比方说，生气就猛扯头发的自我伤害行为是绝对不允许的。

二、不伤人

有些孩子不知如何适当地面对自己的怒气，脾气一来，就用打人这种最原始的方式宣泄。子女年纪尚小时力道不大，家长便不以为意；但等到孩子长大了，已养成生气就打人的惯性行为后，不只家人受不了，对旁人更是威胁，还可能牵涉到法律问题，不可不慎。

三、不违法

我曾看过一则新闻报道，有一名桃园市中坜的男子因与家人吵架，就随机破坏路上的汽车和机车，不仅犯法，还得付出赔偿金，为一时的气愤付出极大代价。

想请你思考的是，此人因生气就破坏东西的泄愤法，难道是一朝一夕就养成的行为模式吗？我推想，应该是长久习惯造成的。若他父母能提早协助男子学习健康面对怒气的方式，现在也不用为他的破坏行为头痛了。

四、独立自主

让子女在能力范围内，学会照顾自己及做好该负责的事，是十分重要的，因为再爱孩子、再有钱有势的父母，都无法从头到尾陪伴他度过一生。当孩子半夜玩手游、作业没交、不整理房间，以及不照顾自己或出现不负责任的行为时，建议你让他直接去面对该行为的自然结果，例如没带泳装就不能上游泳课；或事先约定过要自行善后的逻辑后果，例如因不想吃饭而故意打翻饭碗，就得自己把米粒捡到垃圾桶。通过这些方式，让孩子在"痛"中学会遵守管教界限。

只要不抵触上述四个方向，孩子不良行为的影响就不会太严重。也就是说，排除触及底线的行为之后，剩下的是让家长觉得烦躁的范畴，这部分只要搭配其他策略引导就能改善，这样父母也就比较不容易生气了。

---● **过来人老实说**

我为了训练儿子能生活自理，和他约定双方都得分摊家务，例如：我买菜煮饭，而他则得在用完餐后立刻清洗碗盘。但小

孩总爱测试父母的界限是真是假，所以他虽允诺了，但照样会耍赖。

以前，我不管是说理或祭出家规，儿子依然想方设法地赖皮，常把我气到不行，更贴切地说，我是气自己怎么这样没用，连个孩子都管不动。

在专业新知的加持下，我融合了上述四大方针、家规和我们母子的价值观后，拟定了新做法，并告知儿子：如果他没洗餐具，第一次我会提醒他要做；再没执行，我会把餐具放到他房间地上，因他讨厌房间被油滴到，倘若地板脏了，他要自行处理；假使我第三次发现他仍没洗，餐具就会出现在他的床上。

制定好我的管教界限后，只要儿子又没洗，我就履行约定。当我把碗筷拿到他的房间时，他会边笑边抢下餐具并拿去清洗。对于我这举动，他不觉得有多大麻烦，还在测试我的底线。

有一次，我早上起床后发现儿子没收消夜用的碗盘，就默默拿起来往他房间走去。儿子见状想处理，但因赶着上学，就边穿鞋边交代我放他房间地上，他下课回来会洗。然而，他已赖皮超过三次，因此我完全不理会他的话，直接放床上。

儿子放学后发现了，马上大发雷霆找我理论。当下，我觉察到自己被他的怒气激到，也想和孩子争论是他再三违约，但我若这样做，之前的努力就破功了。于是我理性地在心底告诉自己："要撑住，不可随之起舞，像机器人般只再度说明家规，其他事一律不管。"接着，我面无表情地淡淡响应说："我只是执行说好的规矩。"然后就回房间关上门，不想和他有任何争执。

表面上我很淡定，其实私底下是不安的。我不确定儿子会选择继续要赖还是遵守约定，所以我待在门边监听他的反应。孩子大骂几分钟后，我就听到洗碗盘的声音了。呼！直到这一秒，我才真正放心，确定儿子履行了承诺，我也不用再苦思要如何让他明白我的界限是不可破的。

因我事先已打下不少基础，儿子才可以比较健康地处理怒气。我常常在儿子心情好时教导他，人可以生气但要有界限，他"可以"在关起门的卧室或厕所等适当场所尖叫、打沙发或枕头、摔抱枕等不怕摔的东西，或去户外跑步、跺脚等（**不伤人、不伤己、不违法**），并亲自示范及带他演练。

儿子经过我长年反复的提点和练习，慢慢内化后，这次才可借由大声咒骂但没伤人伤己的泄愤法来平复心情，并在接回理智线后，愿意动手洗碗（**负责任**）。

隔几天，他下午吃完点心后，又直接躺在沙发上睡觉（**惯性行为**）。但当他听到我走到客厅的脚步声时，立刻跳起来，双手护着碗盘说"我马上洗"，然后迅速拿走碗盘。这回，我确认儿子知道我是玩真的，所以才不敢造次。

往后的日子中，儿子有时会在主动洗碗后，拉我去欣赏他洗得多干净。此时，我立刻大力表扬他洗得比我还好，并带他去超市买他爱吃的零食犒赏他的辛劳。如此结合精神面与物质面的正向回馈，会让他将来更愿意去洗碗，让我们双方都开心。

因我坚持管教界限，并确实执行约定，即使孩子用耍赖或发脾气测试我，几次下来，他就会清楚我是认真的，明白不能再耍赖。而身为家长的我就不会生气了，自然就可维持淡定了。

"我也想定出管教界限，但却做不到。"有人可能会这样想。

的确有人会不知从何做起，其实，界限设定的第一步，是先了解你自己的底线在哪、为什么这是你的底线，以及超越此线后你会有何感受。当你明白这几点后，就可开始设立界限。凡事开头难，但随着练习次数增加与时间推移，会愈来愈简单。

设定教养界限只有在一开始需要较多精力，一旦培养好孩子的行为，你会变得很轻松。建议你现在就由小事尝试起，日后就不用再对孩子大吼大叫了。

你的孩子不是"你的"

家长不能把孩子当作自己的所有物，并要懂得与孩子"在爱中保持距离"，了解自己的期待，建立界限，尊重孩子并放手，这样孩子才有机会学习负责任和独立自主。

有位家长和我讨论他那青少年孩子的问题时提到"女儿是我的小孩，就该听我的"。当下我心一惊，忍不住感叹这位家长步上了我的后尘。单亲的我从儿子小时就帮他处理所有事务，他也都没有意见。于是在不知不觉中，我成了"直升机妈妈"，主动代替孩子扛下他的生命责任，养成他依赖的恶习。

犹记得儿子初中时拒绝穿我买给他的衣服，那一刻，我十分诧异，觉得原本听话的乖孩子变坏了，我的教育到底是哪里出了问题，心情起伏极大。自此，我常在生气、难过、自责、茫然之间摆荡。

当时，我丝毫没想到儿子已进入青春期，有自己的想法很正常，还费尽心思要他听话，因而展开了"亲子拔河"，变成固执的他和爱掌控的我的面对面对决，欢笑开心也淡出了我们的生活。长期下来，孩子得了忧郁症，我也罹患惊恐障碍，放眼望去，仿佛只有无止境的一片黑。

天无绝人之路，这样漆黑无望的日子总算迎来转机。在专家协助及长期学习下，我找到新的力量让自己跳脱旧有思维，才惊觉我竟然有"孩子一定要听我的话"的信念，也才明白为何所学的教养策略会失效，为什么再努力都改善不了亲子关系。

原来，我过去自认很行，觉得可为孩子铺就一条康庄大道，所以不但不顾儿子的意愿，还不断逼迫他做我认为正确的事。

殊不知即使他是我的孩子，那也只代表我们的关系，而非我"拥有"他。当孩子和我的看法相异时，只要不碰触到伤人、伤己、违法、不独立自主等四大界限，即使我仍有期待，也应该尊重他的想法，最多就是采用"建议而不执意"的引导方针。

是什么因素让我自认可为孩子铺就康庄大道？

骄傲，也可说是傲慢。然而，这种骄傲是天生的吗？不，在多年的自我探索之后，我才发现自己"复制"了父亲的教养方式。我父亲总认为孩子是他的，他做任何事都是为我好，听他的准没错。即使我已当到外企总经理，作品还荣获世界大奖，他仍觉得我不够好，一定要依照他的想法做才叫成功。

然而，我能靠自己的力量坐上总经理之位，代表我必有被社会认同的见解与能耐，而且在我的生命中，也证明了我的观点的是可行的。后来，我选择不顺从父亲的意见，也不期待他为我的人生负责。但这样坚持的后果，就是父亲永无止境的指责批判及不认可——印象中，好像不曾听过他对我的肯定。

对此，我既伤心又羞愧，我清楚看到自己的价值观与能力和父亲的大大不同，我既想得到他的赞同，又渴望能自由发挥所长。我的矛盾不只这些，我万分讨厌爸爸对我的操控，而我竟然也对孩子做出我最厌恶的掌控行为。

光是这样的内在拉扯，就让我情绪经常起伏，加上一再看到孩子重复不良行为，乱上加乱，才会让我动不动就对孩子吼叫，误以为只要小孩听话，我的生活就太平了。其实，我的心早已纷乱不已，孩子的行为只是压垮骆驼的最后一根稻草。

是我没觉察到自己早已有颗不平稳的心，又在"孩子一定要听我的话"的信念催化下，才会形塑出焦虑不安。我试图掌控自己把持不了的事，才会失去原有的力量，并引发内心的紊乱，而做不到淡定。

看懂自己的内在状态后，我才明白，成功的教育需要因材施教、适时引导，更需要家长自觉地与孩子"在爱中保持距离"，了解自己的期待，建立界限，尊重孩子并放手。唯有这样，孩子才能学会负责任和独立自主，父母也不会因太爱小孩，反而造成亲子疏离的遗憾。

　　简而言之，父母的心态才是孩子听不听话的关键。这适用于所有小孩，包括特别固执、冲动、容易分心、幼稚的孩子，或是患有自闭症、儿童多动症、抽动秽语综合征、情感障碍等的特殊需求小孩。

17

建议而不执意

当你看到孩子行事不妥而提出建议后，若被孩子拒绝，只要后果不是太严重，就放手让他去承受吧！当他失败了，自然会反省，并从心底认可你的建言，而愿意听从你的意见。

华人父母和西方父母因文化背景的差异，在教育上的理念不一样，孩子成年后的表现也大不同。

华人父母在"望子成龙，望女成凤"的目标驱使下，期待孩子在学校能得到好成绩、未来拥有好工作，因而早早就为孩子规划了成长蓝图。因自认很清楚什么样的安排对孩子最好，所以家长就主动替孩子做了很多决定，并希望孩子能照单全收。

以前，这方式还行得通，但在网络发达的现代，孩子因方便获得各种信息，不但变得早熟，个人意志也提早萌生。这导致怀抱高度期待的父母，在努力维持孩子走在自己盘算的成长路上时，常常会引发亲子间的争吵，尤其当孩子越大时，拉扯力道越明显。

心急的父母，在"为孩子好"的心态下，很容易想出各种威胁利诱的方法，来迫使他"回归正道"。虽然小孩很多时候斗不过父母，但被操控的不舒服感受却从未消失且日益加剧，累积到极限的那一天，必然会不可控制地爆发，而做出让父母惊吓的行为，例如，许多小时乖巧听话的孩子一到青春期，就一反常态成了随时会变身为凶神恶煞的不定时炸弹。青春期风暴形成的原因很多，其中之一就是孩子在"加倍奉还"过去所受的委屈。

怎么办？孩子的成长过程确实需要父母带领，但引导力量该如何拿捏，家长才能兼顾自己的期待和孩子的意愿？

我们可以学学西方父母的做法。他们会尽可能尊重孩子的个性与自主权，除了给予小孩较大的发挥空间外，也允许他有失败的经验。

在这之中，华人父母比较难做到的是，眼睁睁看着心爱的孩子跌倒。正因为舍不得孩子受苦，所以无论如何都会设法当孩子的开路先锋，帮他先清除路障。如果真的避不了，在他倒下前，也要奋力躺在孩子下面，减轻他跌跤时的疼痛。这就是许多华人父母怜爱孩子的方式。

然而，辛苦的父母却忘了一件事，失败也是孩子成长的必要养分。我们都知道，人生不如意十常八九，再怎么样保护孩子，都避免不了他未来遭逢失意。

现在已有很多学者不断呼吁，要培养孩子的耐挫力。为了孩子将来好，诚心建议你开始接受小孩在有限范围内的失败，他才能越挫越茁壮，这也是西方父母可教出勇于尝试与冒险的孩子的主因。在我过去的外企生涯中，常遇到三十岁上下的西方主管领导着一群年纪比他大许多的员工，他们凭借的就是乐于挑战的特质，所以才能屡创佳绩，坐领高薪。

综合来说，在教养孩子时，要"建议而不执意"。虽然你有丰富的人生阅历，能预知小孩可能遭遇的危险，但在你提出分析建议后，若被想亲自探索以确立人生方向的孩子拒绝时，只要他跌跤的后果不是太严重，就放手让他摔吧！

当他失败了，自然会反省，并从心底相信你的建言是正确的。如此一来，孩子不但会更愿意考虑你的想法，日后有困扰时，还会主动向你这位人生导师讨教。更棒的是，这样尊重及关怀的态度，还可建立稳固的信赖关系。这不就是所有父母的期待吗？真的很值得立即尝试！

● 过来人老实说

我生长在传统家庭，自然也根深蒂固地抱持"望子成龙，望女成凤"的盼望。因此善于计划的我，从怀孕起，就自以为是地为孩子规划了所谓的理想人生蓝图，并时时核对和确认进度。看到这里，你应该发现过往的我控制欲很强。

以儿子不善交友为例，"长袖善舞"的我当时很难容忍这件事，势必要倾囊相授，想快速大幅提升他的交友能力。于是我在百忙中刻意安排时间去参加学校的聚会，并仔细观察哪个同学的人际关系较好，主动邀请该学生的父母在周末一同带着孩子出游，计划帮儿子创造更多向同侪学习的机会。

没想到这却是另一场冲突的开端。

第一次出游时，儿子看到同学也不打招呼，更别提之后的零互动了。我不放弃，第二次改为较静态的电影欣赏和聚餐，结果，光是挑选影片，儿子就给我甩脸色，还大声吼："都不想看！"这真的让我很难堪。同学和他父母都来了，总不能没看就回家，最后勉强选了一部片子。接下来的交流全靠我和同学爸妈在撑场。回家路上，孩子甚至不断抱怨："都说不看了，还逼我看。"

说实话，我既生气又气馁。我刻意牺牲难得可以好好放松的假期，千方百计地帮他营造良好的交友环境，他不但没好好珍惜，还责怪我强迫他出门。我这么"劳民伤财"，还不是为了他将来好。

回家后，儿子生了很多天闷气。我问他怎么了，他总是撇过头，眼睛斜看地上，摇摇头，不吭一声，亲子关系随之降到冰点。

虽然交友训练不顺利，有"打不死的小强"特质的我，绝不是那么容易就屈服的。于是我把向同学模仿的策略，改成一对一的单独教学。我利用周末，很认真地设计了许多模拟情境，并传授应对方案，还要孩子不断演练。这练习持续了好几个月，但孩子回家时仍哀怨地说交不到朋友。我百思不得其解，质问儿子是不是没照我说的做。结果，他竟然对我大吼说："你教的招式都过时了，完全没用，你根本就是山顶洞人！"

不用说，我瞬间就被儿子激怒了，长期累积的挫折和怨气一口气噼里啪啦地爆出来，越说越气，到后来竟失去理智，打了孩子一巴掌。原本我还疯狂到要打第二下，但看到儿子惊恐的眼神后，心就像被刀刺到般疼痛。那时，我脑中响起一声怒斥——你算什么母亲！

理智秒回，我觉察到自己正在对孩子动粗，刹那间，我鼻头一酸，就头也不回地狂奔到房间号啕大哭。复杂的心情伴随着心中的千头万绪，让我不知如何自处。我自认是个负责任的妈妈，怎么会变成施暴者？我不想承认，更讨厌这样的自己！

直到学习专业知识后，我才明白那时自己已在情绪曲线的高峰期，处在身心极不正常的阶段，这才会做出料想不到的行为。

对孩子的伤害已经造成，再多的懊悔、自责、内疚都于事无补，我能做的就是记取血的教训，设法亡羊补牢。自此，我常常提醒自己，再遇到动怒事件，要先安抚自己的情绪，努力腾出更多空间给理智，之后再来处理事情，这样才能避免重蹈覆辙。

到现在，我仍在赎罪中。我很不愿意，但不得不坦承，我过去做错了，我伤害了最爱的孩子。

回顾当时，我竟然丝毫没想过，要在安排活动前先征求孩子的意见。说不定他和这位同学在校关系就不好，是我自以为是地要把两人硬凑在一起，难怪他这么抗拒。或者，孩子对于我计划的活动内容完全不感兴趣，又被我强拉出去，固执的他才会用消极抗议的方式来响应。我从小最讨厌被强迫，没想到自己竟对独生子做出我最厌恶的事，好汗颜！

如果当时我知道要"建议而不执意"，在孩子拒绝我的交友训练时，懂得要忍住想帮他的冲动，允许他跌倒，并耐心等待他主动求救，那么不只可维持良好的亲子关系，我的协助也才能生效。千金难买早知道啊！

●　必胜小秘诀

教养时，和孩子意见不合是正常的。记得要"建议而不执意"，尊重孩子的自由意志，并让他承受选择后的自然后果。刚开始时，你可能会很不忍心，但只要坚持下去，相信你会换来一个独立、有自信的阳光孩子。加油！

孩子痛了才会改

> 唯有孩子感到痛了，不想再承受因自己失误造成的痛苦，才会主动修正。这股改变的力量来自孩子内在，是他对自己下指令，所以会甘愿地努力做到。

教养的亲子双人舞中，父母和小孩要各自承担一半的责任。

上一项"建议而不执意"策略，目的在于提醒家长别不小心剥夺了孩子的成长机会，要理智地退到自己的范畴中。聪明的你可在没有太大危险的前提下，在孩子能力所及的范围内，让他拥有百分之百的自主权。至于孩子，他也必须承担选择后的全部后果，无论是好是坏。

为什么要这样做？

人都有惰性和求生的本能，不论你教养孩子的是哪一项本能，长期下来，他就会长成那方面的巨人。举例来说，子女忘了带水彩课用具到学校，如果你舍不得他承受一些不便或老师的责罚，就会设法帮忙，甚至可能跟公司请假帮他送。

类似情况只要发生过几次，机灵点的孩子就会发现，即使忘记带东西，疼爱他的父母也会尽力帮忙送到。他心里会想：反正没带时都有人随时服务，我何苦要每晚检查隔天上课需要的用品呢？就这样，你在无意中滋养了孩子的惰性，你的"爱"变成了"碍"。

请问，你想三天两头地帮孩子送遗忘的物品到学校吗？如果愿意，你打算这样做到他几岁为止？倘若你认为孩子还小，等他上初中就不送了，那我必须残忍地告诉你，不——可——能！

因为孩子的惰性已被你养大了，他骨子里就认为，确保上课时有相关物品可用，是你这位超级爱他的父母之责任。即使你偶尔会念叨他，但他总当耳边风，几乎不会改。孩子心知肚明，你不忍心看到他被老师斥责，便紧抓着你的弱点，继续耍赖下去。有人可以赖为什么不赖？这是人性啊！

想要逆转这种情况，你得痛下决心，以后绝不再当孩子的救援手，要狠下心让他被老师处罚。唯有孩子感到痛了，不想再承受老师和同学的异样眼光，才可激发出他的求生本能，进一步主动设法记得带东西。

要注意的是，这股改变的力量来自孩子内在，是他对自己下指令，如此他才会心甘情愿自动尽一个学生的责任。一旦有了成功经验，孩子会慢慢将这行为模式复制到他未来的每件事上，成为一个有肩膀、可信赖的人，更可大胆地说："你的小孩将拥有你期盼的幸福人生。"

此时，你的用心教育就成功了，这才是为人父母送给孩子最大的礼物。

──● 过来人老实说

我儿子上初中前，都是保姆在带他。对保姆而言，只要小孩安全健康，她不要被家长责骂就好，根本不会想到要训练孩子的责任感。儿子念幼儿园时学穿鞋子，因速度太慢，保姆就主动帮他穿好，如此这般剥夺他探索、学习机会的状况层出不穷，我却一无所知。

等到儿子念小学三年级时，我意外听到导师抱怨儿子吃香蕉时不会剥皮！这么简单的事，聪明的孩子怎么不会？

从那一刻起，我开始留意保姆和儿子的互动，这才赫然发现，他过的是"衣来伸手，饭来张口"的日子，可能都不曾动手剥过香蕉皮，于是在学校用午餐时，他还习惯性地等待别人剥好给他吃。

在我为生计忙到分身乏术时，万万没想到孩子竟被保姆养成废人！

之后，我严格要求保姆，要让孩子亲手完成他做得到及该做的事。至少在我眼前，儿子由脑中一片空白起步，一点一滴地开始学习如何处理自己的事务。

但真正的挑战，在儿子上了初中、我亲自带他时才开始。

以前，有专职保姆盯着孩子，所以我没觉察孩子有赖床的毛病。等到我接手时，才发现每天为了叫他起床，都得花上半小时和他"拔河"，真的令人十分困扰。有时，我上班快迟到了，为了保住工作，只好放下他赶去公司。没想到儿子竟然继续睡下去，常睡到快中午才去上课。直到某一天中午我打电话给他，才得知这状况常发生。

着急的我当然想遏止这件事，却很倒霉地遇到不管事的代课导师。我除了频频向辅导老师求救外，也尽量让孩子早点上床，甚至使出利诱手段——准时起床就有零用钱可拿，但他还是经常迟到。

家里就我们母子二人相依为命，即使我在上班途中持续打电话叫他起床，他也从未接过，只是徒增我的焦虑罢了。那时，我觉得生活快要失衡了，对于生命天平的两端——工作与照顾孩子，我都不愿放弃，但情况却逼得我好像只能二选一了。

当我认真考虑是否要离职时，碰巧赶上公司接到大订单，碍于职责，我只能先将儿子放一边，至少他当下没有生命安全问题。那段时间，我忙到不可开交，被迫不能介入孩子的生活；而他，果真就很随兴地睡到自然醒。结果，儿子错过了班上的比萨大餐、有趣的球赛、同学的周末共游等活动，这些都是他自己选择赖床而造成的损失，即使感到惋惜，也只能默不作声。

有一天，儿子下课回家，竟然很认真地要求我，隔天无论如何一定要叫他起床，因为他想参加毕业前最后一次的班级旅游。

哇！我感觉简直是中了头奖！总任性耍赖的孩子第一次主动要求准时出席，这代表他已长出力量，能为自己的期待跨出第一步，不再如婴儿般地只是等待别人服侍，真是令我太开心了。

在老天的巧妙安排下，充满愧疚并太过保护孩子的我，被迫交回他的生命责任。当我不再干涉属于儿子的50%的领域，他少了怪罪对象，总算可以看清楚自己行为的后果了。

他发现，原本可以参与的有趣活动一次次地由眼前飘过，无法追回，也没人帮他弥补，心中的后悔日渐强烈。最后，他受不了了，进而激发出"再也不要"的念头后，就开始行动了，自动自发地想办法达成目标。

这刚萌发的小苗要好好照顾才能茁壮成长，于是我不但大力表扬儿子的想法，还帮他多设了两个闹钟，让他可以安心，并加码帮他准备可与同学分享的点心。在他满心喜悦下，我们总算拥有久违的和乐生活。

有智慧的你，现在应已明了为何要放手让孩子做他能力可及的事。即使你清楚他或许会因耍赖或经验不够而跌跤，但孩子就是要感到痛了，才会愿意走出舒适圈、做出改变；他若不改，往往是因为还不够痛，你需要有耐心地让他继续累积痛感，他才有翻转机会，这是必经的"成长痛"。倘若你因舍不得而出手干涉，你的"爱"将会变成"碍"，这点一定要铭记在心。

──● 必胜小秘诀

你的孩子一定像你一样聪明，所以想要激发出他的行动力，必定要采取非常手段。长期坚持不帮孩子善后，他才会觉知到，即使父母对他疼爱有加，但闯祸时，爸妈真的不会帮他"擦屁股"，他才会认真严肃地想负起自己的责任。

接受孩子目前的样貌

> 愿意接纳孩子目前的样貌，并把他的特质"物化"，就像我
> 把儿子的固执想象成石头一样。这般微调之后，你就能更迅速地
> 熄灭对孩子的怒火了。

爱生气的小卢常常在妈妈的言行不如他预期时，就大声责骂妈妈或摔东西来传达失望。妈妈当然对这种行为感到生气并想制止，一来忧心他这样继续下去，将来必定受苦，二来也因作为父母的尊严被挑战而不开心，只可惜禁止策略的效果极小。我也受困于孩子类似的行为，并有相同反应。

在某一堂课程中，老师询问我上课的目的，我不假思索地回答："改善亲子关系。"他又追问："你目前采取的策略有效吗？如果成效不彰，为什么还要继续使用呢？"

这提问敲醒了我：当我太专注于所学是否有效时，反而忽

略了要察看孩子的情况。我这才停下来观察目前的亲子互动状态。我赫然发现，过去只关注自己设定的方向，忘了要把孩子的特质包括进来，才导致策略无效，再加上自己太用力了，失落的反弹就变得更大。

儿子天生超固执又没弹性，相较于一般孩子，若想督促他改正行为，势必要付出更长的时间和心力才行。如果我期待他能像其他孩子一样，教上几次就可看到转变，无疑是缘木求鱼，更是不合理的期待。对于这样天生需要特别协助的小孩来说，责骂不但没用，还会赔上亲子关系。

为了拥有和睦的亲子关系，我的调整是去"接受"儿子就是这样的一个人，并以他的现状为基准点，再看看有什么策略可协助我快点达到目标。这就像在赶路时，被肢障人士挡住了路，因他并非故意要慢慢走，我只能耐下心跟着放慢脚步或绕路走。换句话说，有快点到达需求的人是我，要先改变的人也应该是我，我有义务满足自己的需要。

在把心态校正成愿意接纳孩子目前的样貌之后，我发现自己比较少生气了。每当又被他惹怒时，我内心会冒出一个声音："对石头生气是笨蛋！"这样我就可以轻易地"放过他"，去做自己的事了。建议你也可把孩子的特质"物化"，就像我把儿子的固执想象成石头一样，说不定这般微调后，你就能迅速熄灭怒火了。

实战对策 **20**

你不等于孩子

孩子的表现不是你的成绩单。若能在心理上与孩子保持一定距离，就比较不会受他的表现影响。当他遭遇失败时，你受打击的程度也会减轻，而避免因内耗无力好好教养孩子。

我在许多认真的家长和老师身上发现一个共同现象——他们真心疼爱孩子，爱到把小孩的事当成自己的。当孩子做不好时，他们也相对地觉得自己很差，无意间把孩子的表现当成自己的成绩单了，进而产生挫败、无奈的感受，削弱了继续陪伴孩子的能量。此外，人在心情不佳的情况下，很容易因小事引发负面心情，如此就更难做到淡定了。

请你想象一下，倘若你花好几个月在教邻居的小孩英文，无论你怎么教，他都学不会，你可能会感到失望和失败，但应该不会为此气到生病。然而，如果这孩子是你的子女，你的怒火大概会强上好多倍。

为什么会有这样的差异?

这跟你与孩子的心理距离太近有关。你因极度关爱子女，所以会主动在心理上靠近他，而在无形中绑住了彼此，使双方的心紧紧相连，才会深受小孩的表现影响。想要解开这样的牵绊，必须从家长本身做起。当你能在心理上与孩子保持一定的距离，即使小孩在你持续努力下仍没改善，你也不会因和他绑在一起而感到很痛苦。虽然失败的感觉仍在，但被打击的程度大大降低，如此就可避免因内耗而无力再好好陪伴、教育小孩。

想提醒你的是，教育的目的在于帮助子女长大成人，要避免将自己认为的成功或失败投射在孩子身上，造成无谓的心情起伏，并影响到教养质量。

宇宙尘埃上的我的心情

> 通过"宇宙视角"看待自己的困扰，就会发觉那实在微不足道，而能迅速让心情恢复平静。

在教养孩子的过程中，总会不断发生各式各样的困扰，有的问题会让父母感到十分焦虑，甚至严重到失眠或生病。这时，家长已处在慌乱无助的状态，不但会很不耐烦，常常生气，在教导时也很容易因子女表现不符合期待而动怒，不仅造成管教无效，更让亲子关系变差。

建议这时父母要先平复起伏不定的心情，让自己接回理智线，再处理其他事务，才不会做出后悔的事情。

该如何快速安定烦扰的心？你可以试着跟我这样做：

1. 请描述眼前的困扰像什么。 我听过家长的形容有一颗火球、有毒的蜈蚣、粪坑、四面都是刺的牢房等。如果我们以火球为例，请你对这火球评分，十分是"非常厌恶"，一分是"无所谓"，你现在的分数是几分？为什么？你现在的心情如何？

2. 想象有人正看着你的火球，请随着他的视角一起看。

（1）他现在站在你身边看你的火球，球体有多大？

（2）如果他在空中的飞机旁边看，现在火球有多大？

（3）他若站在月球上看此火球，看得到吗？

（4）由太阳旁边看这火球，他还看得到吗？

（5）当他置身太阳系外的某颗行星上看该火球，会看到什么？

3. 请你再度对这火球打分，十分是"非常厌恶"，一分是"无所谓"，你现在的分数是几分？分数有变化吗？改变的原因为何？你现在的心情如何？

做过这个练习的家长都表示厌恶的分数降低了，心情也更平稳了。

再请你比较下面两个黑点（图3-8），哪一个较大？

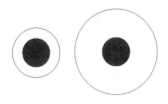

图 3-8　两个黑点哪个大

　　答案是一样大。当外圈放大时，会让人误以为黑点变小了。若由浩瀚无涯的宇宙来看地球，地球就像是宇宙中的尘埃，而站在地球上的我们，比尘埃还更渺小。这么渺小的我们此刻的困扰，假使从宇宙的宏观角度来看，虽然问题仍在，但会让人觉得好像变得微不足道了。因此情绪不稳时，建议你通过这个"从宇宙视角观察困扰"的练习，来让自己迅速回到平静状态中。

22

学习"自私"，自我照顾

教养小孩就像开车，没油的进口跑车，远远比不上加满油的二手国产车，"跑得动"才是重点。因此当你没油了、能量耗尽时，请务必暂时放下孩子，用适度的"自私"来为自己加油，等油加满后再出发，才能在淡定中管教孩子。

"亲子双人舞"的主角是家长，所以家长要先站稳了，才能给孩子有质量的带领，而跳出精彩的舞蹈。

有一个比较极端的案例。有位妈妈已经累到脸色惨白，常因晕眩症而卧倒在床，但这时她心心念念的还是那管不动的孩子，似乎不太在意已病倒的自己。虽然有别人可帮忙看管小孩，让她喘息一下，她仍想坚守岗位亲手照料子女。由旁观者的角度来看，此刻孩子并不是非妈妈照看不可，为何她还放不下？从另一个层面来说，妈妈过不去的是本身的不安，并不是小孩的需求。

为何这妈妈会这么担忧孩子？

也许是因为她很负责；或是她在家中已习惯扮演承担者的角色；抑或是在潜意识中，她想通过孩子，弥补自己儿时没被好好呵护的遗憾；也或许是她这样做才能证明自己在家中是有价值的。当然，还有其他可能性，但无论是何缘故，都是"自己"不放过自己，不愿让自己放松——不是子女，更不是他人！

⏤● 过来人老实说

看到以上个案时，我很难过，想起自己在养育儿子的历程中也有过类似情境。

单亲又独自和孩子住在台北的我，少了父母、手足的支持，当累到快没气时，常常找不到替代人选来照顾小孩。尤其我儿子又是需要很多关注的孩子，真的常让我感到极度无力又无奈。

刚开始觉得疲累时，我会自我激励要忍耐下去。渐渐地无力忍耐了，我还是告诉自己要硬撑，真的不敢生病，生怕我倒了，儿子会无依无靠。我心想："无论遭逢怎样的难题、困境，为了孩子，我都要撑住，没有任何人、事物可以阻挡我保护孩子！"

然而，意志力还是不敌病菌的侵袭。最后，我撑到发烧、虚弱到躺在床上动弹不得，只好对在旁边不断讨拍①的孩子，撒——手——不——管。当下，我第一次体会到什么叫"心有余而力不足"——无论再怎么不愿放手，在自己没力时，还是只能不甘心地放了。

犹记得那时我心中泛起一股坐以待毙的哀伤，更不解为什么老天要让我这么孤立无援。

经历过这么束手无策的难关后，我领悟到，如果想长久陪伴孩子，必须先把自己照顾好。几经思量后，我发现自己之所以会累倒，原因之一是我长年身兼安抚养育的母职及管教规范的父职，在十多年终年无休的情况下，身心再也忍受不住而抗议生病了。

于是我开始"训练"自己，带着没亲自照顾儿子的内疚，勉强挤出自我照顾的时间。我常利用他上补习班的空档，一周至少给自己半小时的个人时光。在这专属时段中，我不是妈妈，也不是女儿，更不是主管，我就是"我"。我会如同在意孩子般，关注自己的喜怒哀乐，并给予相对应的陪伴或打气。

例如：心情低落时，我会请自己吃平常舍不得买的高级冰

---

① 讨拍：闽南语，指希望获得关怀而做出的行为。——编注

激凌，或者打电话给朋友，毫不保留地诉说种种无奈。我通过这些方法来安抚自己，除了让情绪有个出口，以降低动不动就生气的概率外，更为自己充电，如此才有足够能量继续照顾特别费心力的儿子。

在这般刻意的安排后，我觉察到自己变得更有耐心，对孩子发脾气的次数和强度都降低了，可见适时的喘息十分有效，建议你也试试看。

● 针对特殊需求小孩

这群小孩可能因天生性格关系，或脑部发育不完整，导致父母在照顾他们时，要比陪伴一般孩子花费更多倍的心力、时间和体能。我看过有些家长用十倍以上的精力来养育这样的孩子，甚至有人干脆辞职在家，专心带小孩。

如果你是这类父母，心中一定有道不尽的苦楚，所以更要懂得常常关注自己的能量状况。因为你责任重大，要照料对你有高度需求的特殊小孩，你没有条件"断电"。养育这样的孩子，十分考验父母安顿自己焦躁情绪的能耐。

在感到自己快没电时，无论如何都要想办法找时间，让自己稍稍喘息一下。如果一周腾出半小时都没办法，建议你可在孩子情绪平稳时，溜到厕所刷手机，看看新闻或趣味报道。即使只有五分钟，也能让你快速充电，至少会延长你较平稳地陪伴小孩的时间。你若能每天设法给自己这珍贵的"个人时间"，我相信你们的亲子关系会越来越好。

懂得自私，先把自己安顿好，才有能量承接教养上的失望，给出更多带着爱心的陪伴。父母情绪安稳了，孩子就会跟着变得更安定，这时管教才能看见效果。

──● 必胜小秘诀

想要有质量地教育孩子，你得先安抚自己慌乱的心。你必须用适度的"自私"来保持或恢复自己的能量，就像没油的进口跑车远远比不上加满油的二手国产车，"跑得动"才是重点。建议尽责的你开始学习"自私"，由每天给自己专属的五分钟做起，我相信未来你会感谢此刻的"自私"行为。

找到专属的纾压秘密基地

> 身心太疲惫会让自己变笨，并做出后悔的冲动行为。借由"纾压秘密基地"策略来喘息，重新接回理智线，才能淡定地引导小孩。

人都有自愈力，怕的是外在压力来袭的速度超过自我复原的进度。人若因身心太疲惫而变笨了，不仅会丧失原有的能耐，也很容易做出斥责孩子或打小孩等冲动行为，而使自己心情低落，长期下来，严重的人还会罹患忧郁症。

该怎么办？

忧郁时，就如同陷入谷底的关机状态，解药就是找回曾经有过的快乐，把开关打开后，就能慢慢让快乐回来了。也就是说，即使现实生活中，有无数事情会消磨掉我们的精力、耐心，我们仍可掌握找资源充电的意愿，借由"纾压秘密基地"策略来喘息，以放松过于高亢的情绪脑和爬虫类脑，让倒流的血液回到理性脑中，重新接上理智线后，才有办法继续淡定地引导小孩。

何谓"纾压秘密基地"？

这个专属于你的基地可以是有形或无形的，只要是能让你感到舒服、安心、放松、安定或开心的人、事、物都可以。重点是"近"，包括距离上的近，如在家附近；或是能让你靠近自己内心的事，如在家静坐、听音乐等。

我试过许多不错的方法，例如到阳台喝杯咖啡、看窗外的浮云、静坐、按摩、闻精油、做瑜伽、画画、唱歌、追剧、烹饪、种花、吃喜爱的食物、与宠物玩耍、坐在马桶上看小说、做手工皂、跑步、瘫在沙发上、坐在公园放空、和邻居两岁的小孩游戏、与好友大骂孩子的不懂事、逛百货公司、看舞蹈演出、吹海风、去知名景点散心、做我曾经最想做的事、到想玩的地方旅游等由家中延伸到户外的方式，都能提升我的正能量。

此外，"纾压秘密基地"也可包括你过去的快乐经验。请你回想一下，曾有哪件（些）事让你很开心？假设小学时考到全班唯一的满分让你很愉悦，请问你现在想到这件事时，还能感受到考满分的高兴吗？如果可以，你的身体有什么变化？有些人觉得胸口不那么闷了，有的人感到身体轻松多了，有些人发现肩膀比较不紧了。

当你看完我在前面列出的"纾压秘密基地"之后，请观察自己的心情是否有一些好转，相信大部分人会有改善。这如同在看太极图（图3-9）时，如果你专注在白色部分的黑点，心情会越来越沉重；相反，若在看黑色部分时，能刻意聚焦在白点上，你将有繁重减轻的感受。

所以从现在起，建议你开始收集或扩大"纾压秘密基地"的内容。以唱歌为例，你可记录让你高兴、感到被呵护或被支持的歌单，或能让你放松的音乐频道。

总之，在你与孩子一阵"厮杀"后，可帮你安抚情绪的事物就是正确方法。你也可协助孩子建立他的"纾压秘密基地"，从小培养他的情商能力。最后要提醒你，找到"纾压秘密基地"之后，要经常到你专属的天堂充电喔！

图3-9　太极图

实战对策 **24**

陪伴受伤的自己，自我同理

当心情被你认领陪伴后，它就会安静下来，自然就能平息掉内在说不出的纷乱感觉了。

小芦妈妈很努力地想教好孩子，也付出许多精力、时间去学习和改变，可惜孩子的现况距离期待还是很遥远。

有一天，她正专心地写着工作计划，却忽然被小芦悄悄地在背后吹了一口气，而吓了一大跳。小卢妈妈一时有点恼火，便反射性回头责骂道："不可以这样！会吓死人，以后要先出声预告一下。"小芦没反应，接着就要求妈妈帮他做美劳作业。平常总乐意帮他的妈妈正在气头上，便一口回绝了。然而，当她看到孩子垂头丧气地走开时，心中却浮现说不出的感受，觉得很不舒服。

我问小芦妈妈，她诉说这件事时，心里有什么感受？我请她闭眼细细体会，并用"我正觉察到我内在感到（心情）"这样的句型来回答。

她："'我正觉察到我内在感到'愤怒。"

我请她把愤怒想象成一个在她心中的人，然后完成以下步骤 A 和 B。

A. 先帮它评分，一分是"有点生气"，十分是"非常愤怒"，它现在是几分？

B. 再依下列步骤做：

1. 先和愤怒打声招呼："嗨！愤怒，我'看到'你了，我感受到了你的存在。"

2. 问愤怒："我可不可以静静地陪伴着你？"

3. 用关爱的眼神问愤怒："你希望我远远望着你还是坐在你身旁？"并依照它的要求做。

4. 告诉愤怒："无论你说什么，我都会在旁边好好聆听。"

5. 等待愤怒的变化（可能会需要一段时间）。

她照做之后，回馈说："愤怒变小了，也愿意开口说话，它抱怨我怎么这么差劲，连一个孩子都教不好，真不是一个好妈妈。"

我："你正觉察到你内在有'自责'的感受，请向它打招呼，让它知道你看见了，同样运用步骤 B 来陪伴你的自责。"

她："'我正觉察到我内在感到'自责。"她停了一下又说："自责骂我，说我真糟糕，虽然不断牺牲自己的时间、精力和金钱来教养小孩，却还是把他教得乱七八糟！唉！我都已经做到这个程度了，真不知道还可以怎么做，我真的很无助……"说完，她抿抿嘴，泪水无声地从脸庞上滑落。

等她不再流泪后，我请她陪伴"无助"的心情。

她："'我正觉察到我内在感到'无助。无助说：'你怎么现在才来！'"

我："请跟无助说：'对不起，我忽略你了，我以后会常常来陪你'。"

她照着指示做后，突然哭了出来，并说道："无助说：'总算有人看到我了，一直以来都只有我一个人。'"

在她心情缓和后，我又请她去陪伴"孤单"。

过了一会儿，她哽咽地描述："有一个小女孩靠在我身上哭泣。"

我："请告诉这小女孩：'你想哭多大声就哭多大声，把所有的委屈都哭出来，我都会在你身旁陪着你。'"

她开始号啕大哭，过了半晌才说："孤单问：'是真的吗？'"

我："告诉孤单：'不用怀疑，我承诺以后你需要时，我都会来陪伴你。'"

她说完后，长长地叹了一口气，原本高耸的肩膀放松下来了，同时也感到胸口痛了起来。

我："请感觉这个痛像什么，或是它长得像什么。"

她："像是被枪打到的伤口。"

我："如果你愿意，请把双手放在这枪伤上，让它知道你在陪伴它。假使这枪伤能说话，它会说什么？"

她双手轻抚胸口，认真地感受枪伤后，无力地说："我好无奈，我真的尽了全力，但孩子的问题仍在！"

我："你正觉察到你内在有无奈的感受，请陪伴你的'无奈'。"

她边哭边说："我什么都放弃了，还被家人指责不会教小孩，我也不愿意这样，谁知道我会生出这么难搞的孩子，我原本想要的孩子不是这个样子的！"

我："请先深呼吸几次。"等她停止哭泣、呼吸变缓之后，我请她再去陪陪这个"失落"。

她咬着下唇，脸上再度布满泪水。许久后，她才虚弱地说："我看到一个小女孩靠在我肩上哭，抱怨为何手足的孩子都好棒，朋友的小孩也很优秀，唯独自己的孩子这么令人头痛！自己到底做错了什么？"

我："听到这些话，你的感受是什么？"

她：“好不甘心！”

我：“你正觉察到你内在有不甘心的想法，请去陪伴这个'不甘心'。”

她：“小女孩不断说自己好孤单，都没人了解她的苦，只有她一人孤军奋战！”

我：“请你告诉孤单：'对不起，我来晚了，我承诺，从今天起我一定会陪着你一起走。'”

她照做之后，再度长长地叹了一口气，原本僵硬的脸部线条变柔和了，呼吸也变和缓了。

我：“这次的陪伴可以在此暂时告一段落吗？还是你有其他重要的话急着在这时候说？”

她：“可以停止了。”

我：“请将你的双手交叉环抱在胸口（图3-10），并感谢自己内在的坦诚交流，还有你具有灵性的身体，也谢谢刚才内在发生的历程。同时，请向内在承诺，日后若有需要，会尽快回来陪伴。

"我想邀请你再帮刚刚提到的愤怒评分，一分是'有点生气'，十分是'非常愤怒'，它现在是几分？分数有没有变化？这变化代表什么意思？你现在的心情如何？对自己有没有新的认识？”

她：“哈！是零分，愤怒完全不见了，我现在变得好轻松。

图 3-10　双手环抱在胸口

我都不知道自己内在竟然藏了这么多的心情，难怪我总觉得不舒坦。"

　　是的，人的心情是很复杂的，就像洋葱般一层包裹着一层，若不认真觉察，就很难理解自己的感受。以小芦妈妈为例，她在我的引导下，先拨开（认领）最外层的心情后，才看到自己第二层的感受。当心情被你认领后，它就会安静下来，内在那些说不出的纷乱感自然就能平息了。

●── 针对特殊需求小孩

这类孩子因先天特质的关系，会需要父母付出十倍甚至百倍的时间和精力来教养，所以这群被老天选上的勇敢家长们，更要常常运用自我同理的方法，来为漏电超级快的自己充电，这样才可能持续提供给孩子有质量的照顾和陪伴。

本章小结

要淡定，先搞定自己

　　家长常有一种误解——只要孩子听话了，我就不会生气了，殊不知孩子的行为只是引发情绪的导火线罢了。如果我们内在没有这么多炸药，就算点燃导火线，也不会爆炸的。所以父母若想在管教时能拥有淡定态度，最根本的方法就是先清空自己的情绪火药，而非禁止孩子做出不良行为。

　　在"让孩子听话的必胜原则三——淡定养成术"中，我谈了二十四个能让自己淡定的策略。现在，我们来回顾一下这些策略的重点（表3-2）：

表3-2　二十四个能让家长淡定的策略

序号	策略	方法
1	先觉察自己当下的心情	觉察到自己快对孩子失去耐性时，要立刻"喊停"，先自我照顾，以重新接上理智线。

序号	策略	方法
2	满足自己的需求	生气是因自己有需求未满足，因此要由生气源头调整起，才会更快淡定下来。
3	缩小自己	让出亲子权力水杯的空间，可减小小孩对抗的力道。
4	不随孩子的心情起舞	虽然生活忙碌，仍要提醒自己，不要被小孩的情绪牵动而生气。
5	效法奸商心态	把教养目标放在第一位，以尊重的态度及教幼儿园小孩的浅显方法来管教子女。
6	"说故事"来避开孩子的地雷	以谈论第三人的方式来引导孩子，可维护孩子的自尊，让他愿意打开耳朵听你说话。
7	将孩子的学习成果归零	永远"假装"自己是第一次教孩子，不管他到底是"不愿意"还是"做不到"，都直接认定"他不会"。
8	厘清自己的想法、价值观和信念	这三者都会引起我们的情绪，看懂它们之后，父母才能在亲子都愉快的气氛下，协助孩子做到该做的事。
9	由"我"到"找"	通过这修正，可让我们不预设立场且对症下药，淡定地引导孩子改变。
10	"他又……"转成"他有没有可能是……"	这不仅能避免误解孩子，还可安顿我们焦急的心。

序号	策略	方法
11	与问题共存,不放弃	这可化解教养无力,让我们更能持续陪伴孩子。
12	把他当成隔壁家小孩	事不关己时,会比较容易做到淡定。
13	分清楚是孩子的事或我的事	把孩子的生命责任还给他。
14	"装弱"来激发孩子的责任感	当孩子发现没有父母当后盾时,再不擅长的事也会咬牙尝试。
15	设定明确的管教界限	守住不伤人、不伤己、不违法、独立自主这四个方针来设立管教界限,能让你更轻松地引导孩子。
16	你的孩子不是"你的"	父母并不"拥有"孩子,如果不是超过管教界限的行为,建议尊重子女的想法。
17	建议而不执意	父母规劝后,要允许孩子承担选择不听话的后果,以建立他对你看法的信任。
18	孩子痛了才会改	给子女在错误中学习及修正的机会。
19	接受孩子目前的样貌	接受孩子的特质,才能避免无谓的内在拉扯,也才能给孩子真正有效的教导。
20	你不等于孩子	不把孩子的表现当作自己的成绩单,就比较不会因教养不如预期而丧气。

序号	策略	方法
21	宇宙尘埃上的我的心情	由宇宙的宏观角度来看待，眼前的困扰就会变得微不足道了。
22	学习"自私"，自我照顾	唯有家长先有力量了，才有能耐好好教养孩子。
23	找到专属的"纾压秘密基地"	通过能让你放松、开心的充电资源加持，迅速恢复能做好爸妈的能量。
24	陪伴受伤的自己，自我同理	接纳被忽略、压抑的心情后，内在就会变得平静了。

亲子相处就像"两人三脚"，当一人跌倒时，另一个人若能好好站立，跌倒的那个就可在同伴支撑下慢慢站起来。因此较有本事的父母要先安稳自己的心，这样孩子也会变得平稳，这时管教才会有效。

孩子听话是亲子共舞顺利时的结果，若想跳出曼妙的舞蹈，就要由能力、智慧、经验都远超过孩子的父母负责带领才有可能。然而，家长也不是天生就会做父母，都是在养育过程中边做边学。所以，随着孩子成长，父母更要持续学习和微调，才能拥有"父母好，孩子好"的和乐时光。

若你的孩子是特殊需求小孩，因为他们受到天生特质的限制，一个小小改变，可能都要训练一年以上的时间才有机会看到些微的进步，有时甚至完全不见改变，而使你总感到好疲累、快没力了，但又看不到训练之路的尽头。

我也是这样一路硬撑到现在。幸好有这些策略的援助，我才能打破对儿子的种种限制观点，而愿意更包容他的特质，也有效降低了自己的内在焦虑及冲突感。希望这些策略也能帮助你找到在教养时维持淡定的方法。

邀请你在周末放松时，从本书的二十四个淡定养成术中，找一个特别想尝试的策略运用在你们亲子身上。在进行之前，请先为你当时的情绪评分，一分是"极不平静"，十分是"很平静"；在实验结束后，也一样再记下情绪的分数，这样你会更容易找出让自己淡定的策略。

说实话，若要一直维持淡定，那内在得先经历一番彻头彻尾的大翻转，不是一朝一夕就能达成的。不过，聚沙成塔，只要你现在开始练习，即使最后还是做不到，你片刻的稳定对于亲子关系和教养仍会有很大帮助。

让我们望着淡定的灯塔，一起加油吧！

让孩子听话的必胜原则四

教养工具大补帖

在盖"让孩子听话大楼"的过程中，我们谈过建立良好关系的第一层地基，接着是第二层的互动时机评估，以及第三层的淡定养成术。到目前为止，已完成地基部分，接下来，要准备往地面上盖了。

　　我常觉得教养小孩就像在跳一支亲子双人舞，两人配合得越好，舞蹈就会跳得越精彩。前面谈过的必胜原则都属于家长的练功项目，接下来要谈的是，加上小孩的参与之后，能够让你更省力的教养工具大补帖，总共包括十四种策略，让我们一起来认识吧！

抓大放小

> 小孩毛病一堆，处理原则是"抓大放小"，就像滤网只留下最大的，其他的就先不管了。

每个人多少都有缺点，你是否曾被家人要求修正某些毛病？如果一天下来，你已被盯上数项，相信你会感到有压力。我们都知道，一个习惯的养成，至少需要二十一次练习，而要移除惯性，少说也得花费相对的心力。所以当你被要求"同时"修改许多行为时，不但效率差，你还可能因压力大而反弹。

同理，我们在教导小孩时，也要一个一个慢慢来，先过滤掉其他较小或没那么迫切需要矫正之处，只专注影响性较大的一点来修正就好。

然而，要较严谨或性急的父母做到这一点，他们可能会觉得不安，因为他们认为孩子有太多不够好的部分需要快点纠正。

别忘了，"欲速则不达"，做到确实比较重要。

心急的家长或许会想：小孩毛病一堆，该怎么教才好？

标准原则是"抓大放小"，就像滤网，只留下最大的，其他的就不管了。

一般说来，孩子的行为可分成三大区块：红灯、黄灯和绿灯。只要关乎自伤、伤人、违法的行为就属于"亮红灯"；黄灯是指会引发家长烦躁、不舒服的行为，绝大多数都是因为触及家长的价值观底线，但不比"亮红灯"的严重，如乱丢卫生纸、不随手关灯、总是忘东忘西等行为，常会让家长因不胜其烦而生气；绿灯的表现就是指孩子乖乖时。

处理孩子的行为问题时，要先解决最严重的红灯，再来是烦人的黄灯。在正常情况下，小孩极少会做出"亮红灯"的举止，所以可依据孩子的行为让你焦躁的程度来判断，先处理最讨厌的行径之后，再修正第二名。

● 针对特殊需求小孩

这类小孩的家长时常被子女的黄灯区行为搞到精疲力竭、火冒三丈，仿佛被一根永远拔不掉的刺卡着，极度难受。我也有过同样的感受，直到学会"抓大放小"策略，放过自己也放过孩子后，才找回一些力量，让亲子生活开始有些温度。以前，我总陷入被害者情结里，认为自己过得这么惨，都是这个讨厌的小孩造成的，这种想法不但削弱自己的有限能量，更会让两人的相处质量恶化。

我想提醒你的是，这类孩子比较容易出现"亮红灯"行为，因他们被误解的概率较高，而会累积较多的情绪、引发较大的心情起伏。所以家长即使常感到疲惫，仍要提高警觉，如果看到子女即将出现自伤、伤人、违法的举止，务必立即处理，建议可找学校老师或精神科医师、心理师等专业人士共同商议，以避免发生憾事。

当你解决孩子最烦人的行为后，心情会轻松一大半，处理其余问题行为时，也就不会那么急躁了。

建议你找一个可独处的地方，写下孩子的不良行为，不用顾虑，想到什么就写，之后，再排列出优先级。相信你列出这表格后，焦躁的心就会平缓一些。

水中漫步

> 放慢语速说明，帮助孩子搞懂你的意思，他才有可能执行指令。

在儿子上幼儿园时，我看到他又一整天没喝一滴水，心急之下噼里啪啦说了一连串话，还拿一大杯水逼他喝。在旁的邻居奶奶就劝我："你那么急，又说了一堆，孩子根本搞不懂你的意思。你没注意到他的眼睛越瞪越大吗？"

这时，我才发现儿子真的一脸茫然呆住了，刚才我的费心引导全部无效，等于白费劲了。此后，我经常提醒自己在管教时要放慢语速，并且要边教边观察孩子是否跟上了引导。这对急性子的我来说当然不太容易，刚开始勉强自己做时，得搭配理智的自我提醒：心虽急，但教育速度则要像在水中走路般缓慢。

做起来真的很难，难在自我控制上。可是，在面对孩子经常出状况的压力下，我没有退路，也只能咬着牙继续尝试，在这过程中，光是自责就把我压垮了。皇天不负苦心人，有一天我终于做到了，真令人开心！那天，儿子也特别乖巧。当下我才明了，在亲子双人舞中，父母要先改变才行。

事后，我分析了当天的状态。当时我精神饱满，体力充足，心情也不错，在生理、心理都正常的情况下，就有多余能量做到平常觉得费力的举止。那天，我不但语速很慢，还手把手地带着孩子，让他把到处乱丢的垃圾一一捡到垃圾桶中。其实，没多花我多少时间和力气，家里就变整齐了，我也不需要大吼大叫。

这次的成功经验让我体悟到，如果能维持平稳的情绪，用"水中漫步"的方式来带领儿子并不难。而思考逻辑和我极不相同的孩子，因我放慢语速说明及确认他明了每个步骤，终于有足够时间来弄懂我的意思，进而有执行指令的可能性。

为何之前我会觉得困难？

那是因为我已很烦躁了，正戴着"烦躁的有色眼镜"，看孩子时，就觉得他很不顺眼，因而烦上加烦，整个人处在焦躁不安的状态下，自然就无法执行这个策略了。

其实，有问题的人是我，不是孩子。这经验更提醒了我，在教育小孩前，要先严选我的心情温度，才能事半功倍。对于养育特殊需求孩子的家长来说，这更是不可忽略的教养技巧。

自言自语术

> 在顾及孩子自尊的前提下，用"自言自语术"策略，以绕个弯、巧渗透的方式，来成功转化子女的不良行为。

在乎自尊、要面子是人类的天性，因此教育孩子时，若直接点出他做不好的地方，他很可能会因恼羞成怒而故意作对。建议你在顾及孩子自尊的前提下，用"自言自语术"来引导他，这样会比较省力。

举例来说，想教总忘东忘西的孩子，于睡前检查是否已准备隔天要使用的物品。因很多小孩都只看重眼前利益（睡觉比检查轻松），丝毫没考虑到后果（忘了带东西会被处罚），所以我在教儿子时，会先用"身教"示范。

也就是说，我会故意在孩子睡前看着手机的行事历，开始检查公文包，并自言自语地说："明天有贵宾来访，会用到什么东西？对，名片夹。"说着，就把名片夹放到包中。

接着，我又自问："我还要做什么？为了表示对客人的尊重，我必须穿正式服装和高跟鞋。唉！穿高跟鞋很不舒服，但为了展现我的专业和对公司的贡献，这样老板才会帮我加薪，还是得忍耐暂时的不舒服，毕竟尽责更重要，我还是穿吧。"下一步，我就把鞋摆在玄关，刻意让孩子看到。

在这个案例中，我用自言自语的方式，示范如何为明天迎接贵宾做准备，如选择穿着的考虑，还刻意强调尽责的重要性。因为我知道小孩总是时时刻刻冷眼观察父母的言行，并会不自觉地模仿。我就是意图运用这个特性，把想教给他的观念，以绕个弯、巧渗透的方式传达给他，来转化他不负责、健忘的行为。偶尔，我还会听到他用昨天我告诉他的话来响应我，让我因他的复制行为吓一跳。

其实，我只是做我本该做的事，只不过多花一点时间，把原本在心中的自我对话及考虑过程，故意很缓慢地说出来罢了。

我孩子学习新行为的速度很慢很慢，有时，教了一年多还不见得奏效，所以我得常常这样做，结果证实这方法对他是有效的，建议你也试试看。

多用行为观察描述

> 使用 PLATO 观察描述法，也就是运用人物（Person）、地点（Location）、行为（Action）、时间（Time）、物体（Object）等五项元素来描述孩子的行为，可让子女看清自己行为的不妥之处，以拉近双方看法的差距，这样孩子就会越来越听话。

大部分家长都喜欢乖小孩，当孩子的行为不在期待范围内时，很容易将他的举止诠释成不听话甚至是反抗，尤其对青少年子女更是如此。当父母有了这种想法后，就不太可能和颜悦色地与儿女互动。相对地，当孩子感受到父母的不友善，会产生警戒心，自然也不会和父母亲近。倘若再加上沟通不良的催化，亲子之间的纷争就会频频发生。

这样的恶性循环，源于家长在孩子没做到自己认可的行为时，便将他认定是"不听话、反抗"。事实上，小孩可能不是不顺从，只是认知上有差异而有不同想法罢了。

况且每个人的生活经验不同，一样的词语，不同人会有迥异的解读，进而各说各话，导致无谓的冲突。以"吃太多"为例，对努力减肥的妈妈而言，可能吃半碗饭就觉得超量了，但对于好吃的孩子来说，也许五碗饭才叫多。

假使妈妈看到过胖的孩子吃第三碗饭时，焦急地说："你吃太多了!"因孩子对于"太多"的定义与妈妈不同，觉得还没到五碗，所以就不理会妈妈的规劝而继续吃。

如果妈妈跟孩子说："一般小孩吃一碗饭就够了，多吃就会胖。你已吃了三碗饭，比其他孩子多吃了两碗（**行为观察描述**），这样会变胖喔！你不是想像邻居小花一样瘦瘦的吗?"这样等于把主权交回孩子手上，除了尊重他的意志，累积他的自我价值感，也能让他明白目前的行为和想达到的目标背道而驰。若孩子真的想减肥，即使还想再吃，也会忍着不再吃了。

因此请尽量具体描述孩子的行为，避免用一个词语来定义他的言行，以拉近双方看法的差距，减少他不认同你的次数，如此一来，孩子就会越来越听话。

举个例子。小芦上学时常常忘东忘西，不是泳衣没带，就是课本没拿，让妈妈感到很困扰且不耐烦。

NG 版

妈妈："你老是忘东忘西，我整天帮你送东西就够了！"

小芦："乱讲，我哪有？是你自己的记性有问题，你应该去看医生！"

妈妈心想："我成天帮你善后已经够累了，现在还说我有病。"她越想越气，就一巴掌打过去了。

小芦委屈哭着说："你就是你就是，呜……"

此刻，妈妈在翻旧账，暗示都是小芦的问题。但孩子可能想昨天就没忘东西啊，妈妈诬赖他。结果，母子关系就变疏远了。

OK 版

"要如何做行为观察描述？"你可能会有这样的疑问。

我们可借由戴安·基利安博士（Dian Killian, Ph. D）所提出的PLATO观察描述法，也就是运用人物、地点、行为、时间、物体等五项元素来具体描述孩子的行为，以避免亲子因主观看法不同而产生纷争。

妈妈可以说"我（人）这周（时）已送（行为）四次你上课忘记的物品（物）到学校（地）了，周一是泳衣，周二是毛笔，周三是数学课本，周五是铅笔盒。"

因为这是妈妈的观察，也是事实，所以小芦就不会回嘴。在亲子达成共识后，妈妈接下来的讨论和教育才能发挥效果。

我刚学习此沟通法时，会使用PLATO观察描述法来帮助记忆，我发现这样比较容易说出完整的观察描述句型。

● 针对特殊需求小孩

因先天的生理限制，这类孩子不容易觉察到自己当下在做什么，尤其是阿斯儿，他们的逻辑和一般人往往呈平行状态，若没刻意对焦，经常会发生鸡同鸭讲的混乱状况。因此，通过行为观察描述，等于送他一面镜子，让他看见自己现在的样貌。当孩子明白自己不好时，就会主动修正或较愿意听从你的引导，让你的教养更省力。

先帮孩子贴"好"标签

> 不要轻忽自己响应子女的方式。标签就像开关,当你先帮孩子贴"好"标签时,等于暗示他是很棒的,他也会在好心情及好认知下,愿意做出你期待的行为。

当孩子不讲理时,要如何让他愿意和你合作?

答案就是先帮孩子贴"好"标签。

父母有让孩子变成天使或恶魔的能力,因为孩子会被父母的看法影响,进而左右行为的动向。

如果你眼中的孩子是"好的",他会想在你面前表现出好的一面,而采取合作的态度;倘若你认定他是坏小孩,他就会觉得反正父母都不看好他,何必费劲改变自己做个好孩子。有些孩子甚至会做出奇怪动作或故意抬杠之类的积极报复行为,当然,也有小孩是敢怒不敢言,而出现不配合的消极报复态度。

因此，绝对不要轻忽自己响应小孩的方式。标签就像开关，当你先帮孩子贴上"好"标签，就代表你正把儿女引导到你期待的方向。

以我儿子为例，为防范新冠肺炎，我要求他回家第一件事就是用肥皂洗手。在外一整天的儿子因为累了，有时回到家想偷懒，把手弄湿就算洗手了。我见状，十分担忧他把病毒带回家，便急着想纠正他洗手不认真，生怕他若染病会连累到家人。

还好在话要出口时，理智拦住了我的冲动，于是我改问："你不是最爱干净（贴'好'标签），总要求家人洗手要遵守'湿搓冲捧擦'五个步骤吗？"他愣了一下，回过神后，就乖乖仔细洗好手了（合作）。

假使我没改口，在害怕的心情下，依直觉反应而责骂他偷懒会害了全家（他是坏的），你猜他会如何回应？我看不是狡辩自己确实洗了，是妈妈眼睛有问题没看到（故意抬杠），就是不甘愿地再洗一次，但还是随便洗（不配合）。

人的心情、生理、认知、行为会相互影响，所以建议你先用"好"标签，暗示孩子他是很棒的，让他在好心情及好认知下，愿意和你合作，做出你期待的行为。

用"你可以"取代"不可以"

当父母想制止孩子的不良行为时,建议用"你可以"来取代"不可以",借由更多选项来满足孩子的需求。

人的行为背后都存在着动机,而动机的后面更隐藏着需求。当需求一直没被满足时,人往往会持续尝试各种方法,直到自己如愿以偿为止。

不成熟的孩子也一样,但他的生活经验不丰富,所以当父母要求他"不可以"时,他因需求没得到满足,就会用他有限的小脑袋设法解决需要。因此即使你消除了小孩"不可以"的行为,也不见得可达到你想要的目标。

举例来说,幼儿园的小孩觉得很无聊(需求),就去找正在做饭的妈妈玩。妈妈一定没空,就说"不要找妈妈玩"(大人的目标),但他因需求未被满足,又想不出还可做什么,就会继续纠缠妈妈，或用哭闹来达成目的。

因此当父母想制止孩子的不良行为时，建议用"你可以"来取代"不可以"，借由更多选项来满足孩子的需求。如果这位妈妈说："你最乖了（贴'好'标签），你可以去玩拼图或看卡通（给选择项目），你先玩十五分钟，妈妈煮好饭就去陪你喔！"

这样孩子无聊的需求被解决了，就会听从妈妈的话了。要提醒你的是，阿斯儿和自闭儿对"不"过敏，往往听到这个字眼就会生气，所以家长下指令时要尽量避免使用"不"字。

实战对策 **7**

好奇说话术

> 以"归零"的心态，用不预设立场、关心且好奇的态度
> 倾听孩子说话，厘清他真正要表达的内容，才是有效能的沟通
> 方式。

不成熟的孩子常常会词不达意，如果家长因太忙碌，忽略了要刻意去弄清楚他真正想表达的内容，往往会套用过去的相处经验，来推断小孩当下的意图，因而造成误解，破坏了亲子关系（图4-1）。

想避免这状况，建议你运用好奇说话术。该说话术是指家长采取不预设立场、关心且好奇的态度倾听孩子说话，以厘清他真正要表达的内容是什么，才能对症下药。不然，若你因偏见产生了误解，会惹恼说不清话的孩子，而令他用不听话来报复你。

认定孩子"又来了" 给他脸色看 严厉制止他 关系变恶劣

图 4-1 偏见会破坏关系

使用好奇说话术时，要搭配口头及身体语言，步骤如下。

步骤一：身体语言

这会传达你目前的心态，因此请先做出下列四个动作。

1. 眼睛关心地看着孩子
2. 身体微微向孩子倾
3. 双臂放开
4. 身体放松

这样的表现，会让孩子感到你愿意专心倾听，而放心说出内心话。

221

步骤二：口语部分

即关心而好奇地询问，如侦探柯南般一直保持着好奇心，不断问孩子问题，以发掘出他心里想说的话。关键是"很专心地听"，不要当成理所当然。当你真的关注孩子所说的内容时，自然会一直想问下去。

过程中，你可用以下的句子开头，鼓励孩子继续说下去。一分钟和十分钟的交谈，其深度是不同的。

1. 原来你是……

2. 然后……

3. 后来……

4. 还有吗？

5. 你想要什么？

6. 你想怎样获得你想要的？

7. 我猜你这么做一定有重要的理由，那是什么？

步骤三：以正向语言来结尾

这功能就像饭后甜点，可让孩子因这次互动产生舒服开心的心情，同时也可累积"爱的存款"。

欣赏对方的话，是最常用的正向语言。

举个例子。晚上九点半了，妈妈看到孩子功课没写完，还一直在刷手机。

NG版

因孩子常常没完成功课，所以妈妈就认定他"又来了"，便怒斥他不写功课还玩手机，并动手要抢手机。

被误会的孩子大声回呛："神经病，我在和同学讨论功课！"

其实，妈妈为孩子过去的种种不良行径费了许多心思，心中已累积不少怒气，即使现在知道是自己误会了他，有点不好意思，却仍被孩子的怒吼挑起了情绪，因而更加生气地责骂他老是没完成功课、不负责任。

最后就是两败俱伤的结局：不但妈妈的善意督促失败了，孩子功课还是没做完，亲子间的距离也拉远了。

OK版

在看见孩子刷手机时，妈妈运用好奇说话术，先深吸一口气，理智地提醒自己不要预设立场，以"归零"的心态，用关心的眼神看着孩子，身体微微前倾，双臂放开，身体放松，准备好自己的身体语言。

接着，她用平稳语气好奇地探问："你在用手机做什么事？"来确认孩子当下的行为。也许他以前真的都因玩手机而没做功课，但过去这样做不代表现在也一样。在厘清状况后，妈妈才会明白，原来孩子这次是在做功课，不是在玩。

妈妈接着回答："'原来你是'在和同学讨论功课。"

孩子答："对啊！"

妈妈笑着对孩子说："我很欣赏你认真做功课的态度（以正向语言来结尾）。"

孩子笑着回应。

通过好奇说话术不但可避免误解，也让妈妈有机会看到孩子的成长与亮点。在教养青少年或特殊需求小孩时，更强烈建议你多用这个策略，以减少彼此的摩擦。

实战对策 **8**

用提问教孩子做正确"选择"

> 以"提问"来拓展子女的思考广度，让孩子思考利弊得失，
> 还能巧妙地提供建议，慢慢将他引导到正确的方向。

小孩不听话，有可能是他不认同你的观点；如果他明白你的考虑，聪明的孩子或许也会做出和你一样的选择。因此要设法让孩子"进入你的逻辑世界"，拓展他的思考广度，既可训练他更成熟，也能拉近亲子的心理距离。

该如何让孩子进入你的逻辑世界？

答案是"提问"，根据你期待孩子做到的方向，来问他问题。

大人做选择时，会有多方面的衡量，而小孩往往是凭直觉或感觉反应，所以会有漏洞。家长可借由问问题，让子女思考利弊得失，慢慢将他引导到正确的方向。

举个例子。晚上冷锋将至，孩子准备和同学去逛街。爱漂亮的他穿了一件很潮的轻薄衣服，妈妈怕他又感冒，便提醒他要带件外套。但小孩不愿意，嫌带外套会破坏他的整体造型。

NG 版

妈妈很焦急地威胁说："你不带就不要出门。上次也是叫你加件衣服，你偏说不冷不肯穿，结果感冒发烧了，害我要请假照顾你，还被扣薪水。"

孩子反驳："上次是我倒霉，这次不一样，我就是不要带，你为什么要逼我！"

母子又争吵了，孩子还是不愿带外套。

OK 版

妈妈："你坚持穿这身衣服去逛街，我猜你一定有重要的理由，那是什么？"

孩子："我不想被其他人比下去。"

妈妈："比下去是什么意思？"

孩子："我上次去逛街，路上的人都穿得很潮，只有我随便穿，我觉得他们看我的眼神怪怪的，让我好丢脸。"

妈妈："原来你是不想丢脸。"

孩子："对啊！"

以上是运用好奇说话术来"进入孩子的逻辑世界"，以下则是引导孩子"进入父母的逻辑世界"。

妈妈："气象预报说晚上温度会下降很多，我担心你穿得太少，万一感冒发烧了，后天的毕业旅行你还能去吗？"

孩子想了一下，不说话（不说话是因为他发现自己没考虑到毕业旅行的事，但除了现在的衣服外，他也不知道还能穿哪一件）。

妈妈："你一向很有创意（贴'好'标签），想一下，要怎么搭配，既可穿得潮，晚上回来也不会冷到（妈妈的考虑）？"

孩子翻翻衣橱说："那我今天穿嘻哈风，我把另一件帽T搭在肩上做造型，晚上若冷了，就直接穿上。"

妈妈："你真聪明，做了最好的选择（以正向语言来结尾）。"

这是以"提问"来拓展孩子的思考广度，还能巧妙给出你的建议，重点在于必须是"他"做的决定才行。

像这样，先了解孩子行为背后的动机，并引领他更广地思索后，再和他进一步讨论，并给予选择的权利，孩子就会觉得自己是被尊重、被父母接纳的。他此时是处在安全状态，既然安全了，就无须用抗争来保护自己了。

有时，父母会忘了孩子已经长大，到了要展现自己行事风格的年纪，而仍维持旧有习惯，还像照顾幼小、不会思考的孩子一样，要求他一个口令一个动作地听话，不仅让他不舒服，家长自己也很辛苦。随着孩子的成长，父母应逐步退出他的人生。

条条大路通罗马，只要孩子能做到你期待的结果，建议放手让他选择做法吧！

以"教育"句型取代"反应"句型

犯错是孩子的权利，如果想要他少做错事，建议多用"教育"句型——简述事件＋后果＋修正方式，来让你的用心展现效果。

当孩子做了父母不认同的事时，通常家长会有两种响应："反应"或"教育"，不同的行动会造成不一样的结果。

如何判别自己的行为是哪一种？请你先看看下面的案例。

只有父子二人在家，孩子把水泼到地上没处理，不知情的爸爸因而滑倒并扭伤。

回应 A

爸爸怒斥："不是告诉过你，地板上有水会让人滑倒，为什么水洒出来你却没立刻擦干？害我摔得这么严重。我走不了路，要怎么上班赚钱给你花！"

孩子防卫地否认说："我又不知道我把水洒出来了。"

回应 B

爸爸叹了一口气说："我不知道你把水洒到地板上，所以踩到水滑倒了。地上有水会让人容易摔倒，很危险，下次要立刻擦干。"

孩子不好意思点点头。

请问，回应 A 和回应 B 哪一个是"反应"？

答案是回应 A。"反应"是在表达你自己的心情感受，而"教育"则是具体陈述事件，并从头到尾都心平气和地教导孩子"怎么做才正确"。

事件发生当下，想都没想就根据直觉说话和动作，这动力是来自爬虫类脑和情绪脑的反应，但因没经过理性脑的修正，所以常常会伤害到人。

这位爸爸在跌倒后，当然会出现回应 A 的感受。如果他在责备孩子之前，理智地提醒自己现在的目的是"教育"而非"反应"，因为摔都摔了，重点是小孩以后不要再犯，他才能用叹气来转换生气的心情，并描述前因后果，让不懂事的小孩明白。这过程中没有指责，就不会引发孩子不高兴，他才能听进引导，而达到教育目的。

我们来分析一下这两种句型的结构（图 4-2）。

"反应"：
宣泄你自己的心情感受

"教育"：
具体陈述事件，
心平气和教孩子"该怎么做才正确"

图 4-2　反应句型和教育句型的差异

A. 反应句型：怪罪 + 后果 + 牵连到其他事

爸爸怒斥："不是告诉过你，地板上有水会让人滑倒，为什么水洒出来你却没立刻擦干？害我（怪罪）摔得这么严重（后果）。我走不了路，要怎么上班赚钱给你花（牵连到其他事)！"

孩子心里或许会想：我又没让你不能上班，干吗怪我！因爸爸牵连到其他事，反而混淆了焦点，造成小孩不服气。

B. 教育句型：简述事件 + 后果 + 修正方式

爸爸叹了一口气说："我不知道你把水洒到地板上（简述事件），所以我踩到水滑倒了（后果）。地上有水会容易让人摔倒，很危险，下次要立刻擦干（以后要如何修正)。"

这时，常瞻前不顾后的小孩才看到自己闯了祸，而觉得不好意思。在孩子没抗拒的心情下，爸爸的教诲才能发挥作用。

有位家长问我，为什么他用了教育响应的句型后，孩子不但变得比较乖，还主动帮忙做家务？

我想，有可能是孩子看到自己害到父母，但父母并没谴责他，他内心过意不去，有点亏欠父母的感受，所以愿意听话并主动讨好。

犯错是孩子的权利，如果想要他少做错事，建议多用"教育"句型，来让你的用心展现效果。

232

用"我讯息"取代"你讯息"

以"我"为主词的"我讯息",可让你在平和状态下,诚实说出自己的想法与感受,而不批评责怪孩子,并让他知道该如何配合你,还能避免他重蹈覆辙。

孩子就是不懂才会犯错,但要忙碌的家长不断重复教同一件事情,长期下来,再有耐心的人也会不耐烦,而说出带有指责意味的"你总是……""你都是……"等字眼。殊不知"你"字开头的话语,会让孩子觉得被指责而产生反感,为了保护自己,要不关上耳朵不愿听进父母的话,要不就觉得被冤枉而想辩驳。总之,他完全收不到你要传达的内容,造成教养无效。

然而,在日常生活中,大大小小的事都在持续流动。虽然我们知道教养时要淡定,但爸妈也是人,自然会有心情起伏,也会因孩子无知的行为生气。父母要怎么做,才能表达自己的想法，又可让小孩听进去呢？

答案是用"我讯息"取代"你讯息"（图4-3）。

"我讯息"是以"我"为主词来开头，诚实说出自己的想法与感受，且不带有批评、责怪意味，例如"我很生气"，这样比较不会激起孩子的情绪。其运用原则如下：

一、目的

鼓励彼此分享。关系是相互的，你也可以要求小孩满足你

"你"很坏
→激起孩子的情绪

"我"很生气
→表达意见

图4-3　为了有效沟通，请用"我讯息"

234

的需求。

二、使用时机

你因孩子的行为产生困扰，心里觉得不愉快、有挫折感、想表达意见时。

三、句型

1. 当你……的时候：把困扰你的行为具体描述出来。要注意的是，要对事不对人，不要使用任何情绪字眼——不是孩子"这个人"让你觉得怎样，而是他的"行为"。

2. 我觉得……：说出你因这个行为而产生的感受。

3. 因为……：说出你的想法、担忧或后果。

4. 我希望……：说明你的请求。

> 举个例子。孩子和同学去逛街，和妈妈说好六点要回来吃晚餐。等时间到了，人却没出现，也没打电话回家，打他手机不接，信息也不看，妈妈很着急，担忧他是否在外出事了。终于，孩子回来了。

NG版

妈妈因脑中已转过许多不好的情境，心情是七上八下、十分焦虑，所以一见到孩子进门时，便劈头怒斥："你不是说六点要回来吃晚餐？现在都八点了，你为什么不接手机？"

孩子气得反驳："我不是回来了吗？你骂什么骂！"或者孩子默不作声，沉着脸走回房间，锁上门，直接拒绝沟通。

OK版

妈妈要先清楚自己现在很焦虑，但仍要理性地自我提醒，不要预设立场，要抱持好奇的心态和孩子沟通。妈妈可以深吸一口气，然后这样说：

1."你说六点要回来，结果八点才到家，而且也没打电话回来，打你手机也不接。"（具体描述孩子的行为）

2."我觉得很生气。"（说出你的情绪，也让孩子有机会知道你的感受）

3."因为我担心你在外面出了事。"（你的想法）

4. "我希望当你有事而无法准时回家时，可以先打电话回来，让我知道你是安全的，我就不用这样苦苦等你。"（说明你的请求）

孩子或许会愣一下，接着说："我不知道你有这种感受。我逛到忘了时间，手机也没电了……"

如此一来，妈妈就能在平和状态下，给孩子一个线索，让他知道如何配合，还能避免他重复犯错，为双方日后相处打下和睦的基础。孩子不见得会同意照做，但至少他有机会明了你的期待，这样日后或许就会愿意朝着这方向行事。

"我讯息"更是兼顾沟通及对自己情绪负责的好方法，通过诚实说出自己的想法与感受来表达需求，而不是用发泄的方式，例如："我不管，你应该准时回家，但你没有，所以我非常生气！"并边说边拍桌子，这样会伤害到亲子关系。人，最不能伤的就是情。

建议你试试这友善沟通法，在不批评、责怪小孩的情况下，真实表达你的内心感受，这样不但可为亲子问题打开解决大门，更能让孩子通过你的示范，学习到让对方不委屈的沟通法。

避免"爱"变成"碍"

> 孩子逃避责任、依赖、没主见、懒散，甚至忧郁、啃老，很可能都是错误的教养方式所造成。请留意教养时的方向与力道，并时时关注孩子的状况，才不会阻碍他的健康成长。

你期待孩子长大成人后是什么样子，别人会如何描述他？是自信、阳光、成功、健康，还是富有创意、有能力、负责任、独立自主？请你想一下，如果孩子真的成为你希望的样貌，你的心情是如何？一定很棒吧！为了实现这个理想，你才会尽心尽力地学习吧！

为了达成目标，请你先检视一下目前的教养方法，看看是否能帮你养育出理想中的孩子。

在教育过程中，父母与子女的长期互动模式，会形塑孩子未来的处世观点或方法，尤其当孩子在四岁到七岁可塑性极高的时期，更容易顺应父母的好恶，而发展出一套独特的生存模式。然而，大脑尚未发育成熟的小脑袋想出来的方法，往往都是扭曲的，使用久了不但会变成习惯，还会进一步影响到未来的生活质量。

许多孩子成年后生活困难，是父母错误的教养方式所造成，我将常见的七种类型及其影响整理成表4-1。

表4-1　常见的错误教养方式及其负面影响

教养方式	家长考虑	孩子日后出现的行为	孩子可能的严重行为
过分主动满足孩子的需求（直升机父母）	1. 怕孩子吃苦 2. 想宠孩子	1. 举止幼稚、好玩乐、逃避责任或麻烦辛苦的事 2. 自认无法承担某些事，将过错与责任推给别人 3. 在生活或工作上过分依赖父母、伴侣或他人 4. 父母离世后会没有依靠	1. 自我夸大 2. 经常闯祸 3. 成为啃老族 4. 形成依赖型人格
自认为孩子好而总干涉孩子的想法	期盼孩子百依百顺	1. 压抑自己的主见，总听从他人的意见 2. 除非确定可得到他人支持，否则会害怕展现自己的想法、决定或行动 3. 把自己无法充分展现能力与主见，归咎于他人的阻拦 4. 不敢做决定	缺乏主见

教养方式	家长考虑	孩子日后出现的行为	孩子可能的严重行为
不认同孩子的想法	1. 看法与孩子不同 2. 太忙而没时间了解孩子的内在意图	1. 不太敢思考、推理、分析、抉择、解决问题 2. 墨守成规、不愿变通 3. 需要思考时常说"我不知道" 4. 处理事情时，常不经思考就反应 5. 常依赖他人做决定	有不合逻辑的思考习惯或失去判断力
不接纳孩子的情绪	认为表露心情是软弱无用的	1. 不愿表达感受、说出心事 2. 讨厌自己有太多情绪 3. 不清楚自己的感觉	1. 不允许或压抑自己表现某些感受 2. 更严重者会变得低落、暴怒，甚至罹患忧郁症或变得歇斯底里
做孩子分内的事	1. 怕孩子表现不好 2. 害怕对孩子有不良影响而禁止	1. 遇到困难时会期望别人帮忙解决 2. 被动、依赖、做事拖延 3. 只做能力所及的事或被交办的事 4. 需要别人帮忙做决定 5. 觉得自己动辄得咎 6. 没自信，需要别人指导 7. 把事情想得太过困难，以让自己什么都不用做	生活懒散、犹豫不决、耍赖、缺乏计划、难以适应新环境

教养方式	家长考虑	孩子日后出现的行为	孩子可能的严重行为
把孩子当出气筒	控制欲强	1. 不信任他人，与人保持疏离，以免受到可能的伤害 2. 觉得他人不可信赖，必须符合条件才信任 3. 多疑、过分恐惧遭人背叛	1. 缺乏安全感 2. 不信任别人 3. 有分离焦虑 4. 罹患焦虑症 5. 产生被害妄想
完美主义家长总批评孩子做不好	恨铁不成钢	1. 缺乏自信、害怕失败或设定很低的期望值 2. 害怕接受挑战 3. 逃避成功所需付出的努力与压力 4. 嘴巴上说想成功，却缺乏行动力 5. 做事好高骛远或虎头蛇尾 6. 过度犹豫	1. 容易放弃 2. 不断提高目标来给自己压力 3. 成了失败者 4. 生病而无法追求成功 5. 不敢追求卓越

由表4-1可发现，教养时的方向错误和力道的过与不及，都会带给孩子不良的后果。建议父母在引导孩子时，要时时关注孩子的状况，才不会让自己的爱心变成伤害孩子的推力，阻碍了他的健康成长。

"天啊！我犯了好几项，我真糟糕，现在该怎么办才好？"薇薇妈妈焦虑地追问。

我建议的矫正做法如表4-2。

表4-2　错误教养方式的矫正做法

不合适的教养方式	改善建议
过分主动满足孩子的需求	1. 在孩子的能力范围内，放手让他自己动手做 2. 让孩子承受行为后果，如打翻豆浆后，父母在旁引导，督促他自己收拾善后
自认为孩子好而总干涉孩子的想法	在安全或不会造成太大损失的前提下，让孩子拥有自主权，让他依自己想要的方式做事与生活，毕竟探索和受挫也是成长的养分
不认同孩子的想法	试着了解孩子想法背后的动机，即使他的做法不妥，也建议称赞他"好"的想法，以培养自信心
不接纳孩子的情绪	请练习必胜原则一的"亲子交心术：同理孩子的心情"
做孩子分内的事	1. 让孩子做他责任范围内的事 2. 试着称赞孩子的行为或问题解决方式中不错的地方
把孩子当出气筒	感觉自己心情不好时，在孩子安全的前提下，不要管教孩子，先安抚自己的情绪
完美主义家长总批评孩子做不好	1. "勉强"自己降低标准来看待孩子 2. 发现孩子有些微的进步时，要立刻赞美他 3. 运用集点方式，让孩子发现自己其实还不错

没有人天生就知道如何当父母，教养路上都是边做边修正，只要愿意亡羊补牢，一切都还有希望。我过去不懂，也做过上述不恰当的教养方式，严重地伤害了孩子，现在还在努力赎罪中。你现在的教养方式，会决定孩子未来是否幸福，让我们一起为孩子的美好人生加油！

与子同行 **1**

参与孩子的生活，为"爱"保温

> 参与孩子的生活，重点在于"一起"，借由亦步亦趋地"同在"，除了可持续增加亲密感外，日后若有需要，会有更多的管教帮手来协助你，一举数得。

养育小孩就像考驾照，要先学会相关知识和技能，才能安全上路，充分享受驾车之乐。前面我们已谈到在"省力教养图"中，身为家长应该了解的育儿概念和注意事项，包括：建立良好关系、互动时机评估、淡定养成术，这些都是属于父母"练功"的部分。接下来，我将说明运用前面介绍的教养工具大补帖来与孩子交流的"与子同行"相关原则，当你能与子女顺利沟通，先前的练功才叫过关。

有效管教的第一步是与子女建立良好关系，除了之前提过的方法外，我还想提醒你，别忘了参与孩子的生活圈。当子女越大，涉及的世界会越复杂，借由亦步亦趋地"同在"，你可更了解孩子的现况。

另外，记得要去认识子女的朋友。"近朱者赤，近墨者黑"，尤其孩子越大越会受朋友影响，所以要更清楚他周围的人是谁。在管教不通时，如果父母和儿女的朋友关系良好，也可通过该友人，表达你对孩子的担忧及爱护之心，毕竟朋友的话有时候远比父母的话管用多了。

该怎么做？

建议你可通过下列方式来进行：

一、邀请孩子的朋友来家里玩

一般小孩不会拒绝安全的免费吃喝玩乐机会，因此你可在子女生日时，邀请他的同学或朋友来一同庆生，或找孩子的好友参加你开的圣诞派对或跨年聚会，也能安排与孩子好友的家人一起去踏青或看电影。假使能让子女也喜欢同学的父母，日后你等于多了个管教帮手。总之，要创造机会多与子女的朋友们互动，以培养更多"盟友"。

二、参加孩子的活动

我会在儿子的社团有活动或演出时，刻意去充当粉丝，帮忙拍照、加油，也会带些点心去和他的朋友分享，这样既可让孩子觉得被父母重视、有面子，同时也能趁机拉拢他朋友。

三、关注孩子社交平台的动态及好友

这可帮助家长不动声色地了解孩子的现况。

四、孩子和朋友外出时，要求提供该友人的相关信息

我会希望拿到同行友人的姓名、手机号和微信朋友圈的截图。除了安全考虑外，我更希望能跟进孩子的交友圈，尤其当子女上了初中后，大都不会像小学时那样与父母亲近了。

五、去看小孩常提及人物的照片

若我小孩常提到某位老师或朋友，我会询问他是否可让我看看此人的照片，除了可增加话题外，也能为孩子的交友质量把关，更能营造亲密感。

六、请孩子介绍明星偶像或流行电玩等

若用楼层来比喻，父母的生活就像站在楼顶，而孩子则是在一楼，生活视野和见解会因所处位置不同而相异。为了更贴近孩子的生活圈，建议家长要走下楼，邀请孩子为你介绍当红明星的作品或背景，也可好奇地问子女时下最流行的电玩，甚至可让他教你玩，这样你就能更了解孩子的想法及加深与孩子

的感情。

七、让孩子规划家庭旅游

带孩子去他想去的地方旅游，不仅会让他非常开心，还可训练他的规划能力，也能趁机教他如何改善做事方法，是一举数得的好策略。

八、一起追剧

这是我很爱的方式，除了可创造共同话题外，我常借着讨论剧情来问儿子，如果他是当事人，他会如何处理这难题。这么做一来可了解他的成熟度，二来可在轻松、不伤他自尊的情况下，纠正他的错误想法。日后，生活中若出现类似剧情的问题，我只要提起主角的下场，孩子就会自动停止不良行为了。

九、与孩子培养共同兴趣

参与孩子的生活，重点是"一起"（together）。如果能有亲子都喜爱的活动或兴趣，双方进行起来会比较没负担，且更能享受相处的时光。我看过一位爱打羽毛球的爸爸，自孩子小、比较好塑形时，动不动就拉他去打球。长期下来，原本好像没太大意愿的孩子，也养成了打羽毛球的运动习惯，结果，打羽毛球就变成父子的专属快乐时刻。你何不也想想要和孩子找什么共同兴趣呢?

经由上述"刻意"的做法,父母可扩大与孩子生活圈的重叠范围,除了比较能适时在旁提供建言外,将来需要外力支持时,才知道找谁帮忙会有效,还能趁机协助孩子了解什么是优质的友谊,毕竟教孩子学会钓鱼比给他鱼吃更重要。这是我试过有效的方法,建议你试试看,并发挥创意找出更多有效的策略。

亲子合作原则

> 亲子合作 = 了解彼此的需求 + 孩子愿意配合

想省力跳好亲子双人舞，势必得先了解彼此的需求，找到共识后，才能赢得子女想与大人合作的意愿，进而流畅地展开"父母好、孩子好"的舞蹈。

"如何让不太懂事又坚持己见的孩子愿意合作？"很多父母会有这样的疑惑。

首先，在亲子双人舞中，担任引导者的家长要抱持平等、尊重、理解、随时调整的心态，并时时觉察自己的内心，才能"与子同心"，进而跳出曼妙的舞姿。

同心，是在亦步亦趋的陪伴与等候中养成的，是一辈子的经营。与孩子互动时，建议你留意下列要点。

一、明白自己的需求

确认自己的需求或真正在乎的事情后，才能不动心地克服万难，坚定地长出更多的耐心与包容来与儿女互动。

要注意的是，有些家长搞不清楚"需求"和满足需求的"策略"之差异。需求是人类共通的，是维持和丰富生命所必需的资源，如效率、自由、健康、联结、安全感等；策略则是特定的人、事、时、地、物、行动，是为了满足需求而衍生出来的方法，例如：父母为了孩子的健康（需求），而要求他晚上十点就寝（策略一），或限制子女使用手机的时间（策略二）。

亲子间的冲突，往往源自孩子不认同爸爸妈妈的"策略"，而非否定该"需求"的存在。譬如：初中生觉得在"健康"的前提下，精力旺盛的自己不需要太长的睡眠时间，认为十二点上床就可以了，但这观点抵触到父母要求十点上床的策略。孩子常因不清楚自己不同意的是爸妈希望他健康的策略，就一味地抗拒指令，导致无谓的"亲子拉锯"。如果家长能在此时先和孩子达成"健康"这一概念的共识，再进一步讨论可维持健康的策略，就可大大提高子女的合作意愿了。

二、了解孩子的需求

子女也是人，也有专属的需求，可他们却常常搞不清自己的需求或表达不出来，所以有较大能耐的父母要打开耳朵，带着不评论及不惩处的态度，用心倾听儿女话语背后的需求，如此才可进入孩子的内心世界，搭起两颗心的桥梁。

三、响应子女的感受

即使理解孩子有哪些需求，但忙碌的大人不见得方便立刻满足他。建议先简短说出孩子的感触，让他知道父母的"在"与"在乎"，他就不会为了引起爸妈注意而故意吵闹了。

例如：你在家加班，孩子却吵着要你陪他玩，他的"策略"是让你中断工作，以满足有爸妈陪伴的"需求"。建议你试着对他说："我知道你希望我能马上陪你（响应感受），但我正在处理很急的公事，要半小时后才能陪你。你等我一下喔！你不是喜欢画画吗？要不要把我工作的样子画下来（用替代方案填补等待时间）?"

四、调整对自己与对儿女的合理期待

若亲子想要合作无间，就得同时照顾到双方的需求。有时孩子达不到大人的期待，并不是他不愿意让父母开心，而是有困难或能力不足，因此家长要放下己见，将对子女的期待往下修正，以拉近彼此的差距，并降低自己的失落感。

五、设定界限

父母是家中的主管，为了教导孩子能自我控制、有责任感及减少犯错，家长要设立界限（图4-4），清楚表达孩子有多少空间可自由挥洒，而你不能接受的事物是哪些。在明确的规范及赏罚下，儿女有清晰的框架可依循，父母在孩子犯错的时候，只需提醒界限就可制止他继续错下去，让亲子双方都省事。

图4-4　放下控制，开启亲子合作模式

六、陪伴监督

闯祸，是孩子成长的必经过程。父母若想确保孩子的健康与安全，得常常参与子女的生活，以了解他的身心发展状况，并事先指导孩子，预防可能问题的发生。

例如，现在有歹徒将毒品混入咖啡包、茶包内，甚至制成软糖等形态，以吸引青少年食用，所以家长得提醒孩子，在外不要随便拿陌生人送的咖啡包等免费食物，同时也要观察子女的行为举止，如果有反常状态，就要进一步探询。

七、正向鼓励

肯定孩子的表现跟努力，除了能提升孩子的自尊、自信外，更是快速积累"爱的存款"的好方法，建议父母经常使用。

八、双向沟通

坦诚说出各自的感受与想法，以建立关系联结和互相尊重，例如，父母发现未成年孩子的书包里有避孕套，不要立刻解读为子女有性行为而责骂他。建议先冷静询问为何书包中会有避孕套，让孩子有说明的机会。说不定那是厂商在街上发送的赠品，孩子只是随手放进包中，并没有更多的想法。

九、协商

适度让孩子参与问题的解决过程，也就是亲子共同讨论能满足需求的策略。这样不仅可让孩子觉得被尊重，更重要的是，因为子女参与了决策，他会更愿意为自己提出的观点负责任。虽然讨论过程可能会花费很长的时间，甚至要进行好几次，然而一旦有了共识，将能一辈子省事，很值得投资。这点在"与子同行了 亲子协商"一节会有更详细的说明。

父母可借由上述要点，先将自己的心态准备好，这样和孩子制订管教规范时会较省力。同时，也可借由身教，让子女将尊重与负责任内化为人格，这样等于送给宝贝一生受用的幸福护身符。

亲子协商

> 协商时，要先聚焦于"辨识双方的需要，再寻求策略以满足这些需要"。

孩子越大会越有主见，家长的管教方式也要由直接命令转为协商，才能在和睦中引导子女茁壮成长。然而，这理想的教育方式最受挑战的是父母，父母必须先改变由上往下的养育习惯，放低姿态，以平等尊重的态度来进行讨论才行。

前面提过，亲子的需求是共通的，争执点都出现在满足需求的策略上，因此协商时，要先聚焦于"辨识双方的需要，再寻求策略以满足这些需要"。过程中，大人是面对不成熟和可能耍赖的小孩，所以要有心理准备，或许会花费较长时间才能达成共识。

关于具体的操作，我借由下面的例子来说明。

小芦放学回家后总乱丢东西，妈妈看不惯而帮他收拾，他却抱怨这样会找不到，所以妈妈就不再动他的物品了。然而，有洁癖的爸爸看到家里被小芦弄得乱七八糟，无论怎么提醒都没改善，气到要赶他出去。当孩子像这样频频出现问题，光提醒都无效时，就可运用协商策略，步骤如下。

1. 肯定

目的在于建立好的联结，孩子心打开了，才能进行后续的讨论。小芦父母可以肯定孩子长大了，对于物品收纳有自己独特的想法。

2. 澄清

用开放式问句，了解孩子乱丢东西的需要或想法。小芦爸妈可以这样问："你回家后把东西摆放在客厅的许多地方（具体描述父母的困扰），你这样做一定有重要的理由，可以告诉我吗？"

3. 孩子说

这步骤的目标是搞懂孩子真正的用意，所以父母要先放掉自己的期待或预设立场，以"归零"的心态聆听子女的真心话。即使内容荒诞不经、十分可笑，也不能插话或纠正，只能安静倾听，还要佐以点头或用"嗯嗯"应和，来传达你的专心。假使孩子词不达意，你就要推测他的可能想法，并用选项一、二、三、四来和他核对，以提高精确度。

其实，光要忍住修正孩子偏颇想法的冲动就不容易，但为了有效沟通，父母仍要尽量做到。

以我为例，不成熟的儿子常会说出让我哭笑不得的想法，但因为在此阶段中家长不能插话，所以我会先拿纸笔记下想进一步厘清或教育的点。如此一来，就不会忘记想说明的地方，安顿了我焦虑的心，也能让儿子感到我很重视他的话，而更愿意在我说话时专心听，不会抱着不耐烦的态度敷衍我。

回到案例。小芦表示，下课后很热、很累，只想快点躺下休息，所以就随手放下书包、制服、袜子等物品，还强调这一系列动作有固定路线，他只要循着这路线，就不会忘了上课要带的东西，很方便。

相信大部分家长听到这说法，应该会想立刻纠正孩子的歪理，但是，请务必将自己的冲动改成书写方式，以让协商更有效率。

4.换家长说

当孩子讲完之后，家长就可依照刚才的笔记，逐一向他表明自己不同的看法和感受，也就是使用"我讯息"。有效协商的重点是，孩子要能真心认同爸妈的观点，才能改善冲突，这也是亲子同心进行头脑风暴的时刻。小芦父母可以用下列对话来引导孩子。

父："你想要回到家后能立刻躺下放松吗（**确认孩子的需求**）？"

小芦："对啊！"

父："我上班也很累，下班后，我需要一个整齐干净的客厅来休息（'**我讯息**'，家长的需求）。你觉得有什么办法，既能让你回家后立刻躺在沙发上放松，又可以维持客厅整洁呢（**寻求满足双方需求的策略**）？"

小芦："喔！你都不知道我下课后多累（**耍赖不想管**）！"

父："我听到你说你下课后很累（**回应他，以保持联结**），但客厅是公共区域，不是你一个人在用（**给出合理的限制范围**），你觉得怎样才能满足我们大家对客厅的需求（**引导孩子说出方法，他才比较愿意去执行**）？"

小芦："不知道（继续耍赖）。"

父："如果你想不出办法，那就先用我的提议，直到你有更好的想法为止（收回权力）。"

小芦："嗯……那我把我的东西都放在沙发角落。"

父："沙发是两人座，如果你把你的东西都放在角落，会有什么结果？"

小芦："这样就不乱了啊！"

父："你已经坐了沙发的一半，另一半又放了你的东西，那我回家后想在客厅休息时，要坐哪里（用具体描述引导孩子思考自己提议的缺失）？"

小芦："喔……"

父："你还有其他办法吗？"

小芦瞪大眼睛摇头。

父："如果我在沙发旁边放一个置物篮，你下课后把你的东西都放在篮中，这样你就能立刻躺在沙发上，我也能有一个整洁的客厅，你觉得如何？"

小芦："但是，这样我的衣服可能会皱掉。"

父："是有这个可能，如果你不能想到更好的办法，就得在'衣服可能皱掉'和'多走几步路把东西放回房间'之间做出选择。其实，我希望客厅里的东西越少越好，多摆一个置物篮，我也觉得不太舒服，我也做了一些让步（我讯息）。人都是生活在群体之中，不可能凡事都尽如人意，你只能选一个你比较愿意接受的方式（给出合理范围）。"

5. 询问："还有吗？"

孩子听完父母的观点之后，或许就乖乖听话了，也可能会联想到其他要再讨论的地方，因此父母要问他："还有吗？"让子女有机会完整表达想法，这样达成的结论，才可包含孩子真正的想法，他才愿意配合执行，让这次协商划上完美句号。

当然，孩子也可能又牵扯到其他事件，所以这句话可能是另一个议题的开端。只要是真诚交流，花费的时间越多，双方对彼此的了解会更深，是值得鼓励的行动。

再回到小芦的案例。

父："你还有其他要说的吗？"

小芦："没了，那就用置物篮吧！"

父："你选择用置物篮，对吧？我先声明，如果你没有照做，我下班回来看到时，不会提醒你，还会把你放在客厅的所有物品通通移到篮子中，到时衣服皱了还是其他东西被挤坏，我是不会管的（告知罚则）。"

小芦："什么？"

父："每个人都要为自己的选择负责，不然就无法和平相处。我们先实行一周看看，如果你都遵守约定，周六就带你去吃你喜欢的鸡排套餐，奖励你负责的行为（设立奖励以提高孩子守约的意愿）。"

小芦："好，你说的喔！要说到做到喔！"

父："我言出必行。你来写这次的会议记录，然后我们双方都签上姓名和日期（表明父母是认真的）。"

完成记录之后，爸爸再问："对了，我很好奇你为什么会选择用篮子（强化孩子的决定）？"

小芦："回家后立刻躺下休息比较重要。"

父："你很棒，很清楚自己的需求，并懂得找策略来满足（赞美孩子会找方法来满足需求）。来，抱一下（以亲密行动作结尾，增强孩子日后继续用协商来化解冲突的意愿）。"

之后，爸妈要监督孩子是否遵守了约定，并依照先前约好的奖惩方式，来协助子女学会负责任。

其实，关于协商没有标准答案，要通过仔细观察孩子是否在这事件上有所学习，并有能力与相关人等达成共识而定。父母更是扮演重要的引导角色，假使在管教过程中，因受不了孩子想法太过偏颇而动怒，就要用出发良善的讨论破局。建议爸妈要先练好"淡定"的基本功，才可发挥管教策略的功效。

─────● **针对特殊需求小孩**

这类孩子通常较自卑，因而可能出现较强烈的自我保护倾向，进而会更坚持自己的观点。如果事情发展不能符合原先的设定，他们就会生气，再加上心智年龄较低，更容易用暴走等激烈方式来表达不满。

这类孩子的家长若要和孩子协商，得先让自己睡饱，并选在没有时间压力的假日来进行——在身心都"充满电"的前提下，成功概率才会较高。

另外，因为这些孩子的固着性很强，可能要经历来来回回的多次讨论后，亲子才能达成共识，所以家长要理性提醒自己保持耐心，不然很容易会被小孩激怒。建议把目标分成许多阶段性小目标来进行协商，例如第一次沟通的目标只要定为"说出彼此需求"即可，这样双方才有信心继续往下发展。

还有一种可能性，那就是孩子已成年但心智年龄仍停在学龄前或小学阶段，这时，要用他的心智年龄来讨论，例如：

三十岁的他只有五岁左右的成熟度，父母就要采用教育五岁小孩的口吻和方式才行。

　　累，是必然的，但为了达到提升孩子能力的理想目标，父母要先训练好自己再出发。只要不放弃，水滴石穿，我坚信我们一定会迎来欢笑收割的那一天！

本章小结

教养戳戳乐

随着孩子的长大，父母面对的教养挑战也不同，要学习、调整的东西跟着多了起来。这对忙碌的家长而言，也是一种负担，如果刚好又夹在上有老、下有小的"三明治"阶段，往往会因太疲累而不可控制地发脾气。

很多朋友问我有没有一种策略可适用于所有孩子，这样就不用太劳心劳力了。我也很期待有这办法，可惜因每位家长和小孩的个性都不同，我还没找到世界通用的方法。

我上过数不清的课程，每次下课后，也会立刻将所学运用在我与儿子身上。学到的新知有的很有效，有的有些微帮助，当然也有没效果的课程。在整个过程里，我的心情是上下起伏的，很像在玩戳戳乐游戏——唯有亲自试了，才会知道哪个方格内有奖品。

所以当我沮丧时，会提醒自己是在玩"教养戳戳乐"：现在用的策略无效，不代表下次的就没用，可能是我现在基本功还修炼不够，要继续努力，说不定下个月就能成功了。就这样，我以归零的方式，来安顿自己面对不确定未来的焦虑、迷惘。尤其人在低潮时所想所看的都倾向负面，必须有自觉地自我引导，才不会像在山顶跌跤般一路直接滑到谷底。

我发现当自己没那么焦虑时，对孩子就比较有耐心，相对就可轻易维持在淡定状态，建议你试试看。

现在，一起来复习本章所介绍的教养工具吧！我们总共谈到了十四种策略（表4-3）。

表4-3　十四种教养工具

序号	教养工具	具体方法
1	抓大放小	解决孩子的不良行为时要像滤网，只处理问题最大的事项，其他的先放过。
2	水中漫步	引导孩子的速度要像在水中行走般缓慢，以让他有足够时间吸收。
3	自言自语术	故意把你在心中的自我对话及考虑过程说出来，让孩子在较无抗拒下，自然而然模仿你的行为。
4	多用行为观察描述	避免用一个词语定义孩子的言行，以缩小双方看法的差距，减少他不认同你的次数。

序号	教养工具	具体方法
5	先帮孩子贴"好"标签	"好"标签暗示孩子他是很棒的，能让他在好心情及好认知下，愿意和你合作，做出你期待的行为。
6	用"你可以"取代"不可以"	借由"你可以"的更多选项，满足孩子的需求。
7	好奇说话术	用表示在乎的身体语言，关心且好奇地询问孩子问题，并以正向语言结尾，这样沟通可避免误解，并能让父母看到孩子的成长与亮点。
8	用提问教孩子做正确"选择"	以"提问"来拓展孩子的思考广度，并引导至你期待的方向，别忘了，最后必须是"他"来做决定。
9	以"教育"句型取代"反应"句型	采用"简述事件＋后果＋修正方式"的教育句型，可让常瞻前不顾后的孩子，在没抗拒的心情下改正行为。
10	用"我讯息"取代"你讯息"	用"我"开头的语句来降低亲子冲突，基本句型为"当你……的时候，我觉得……因为……我希望（说明请求）……"。
11	避免"爱"变成"碍"	爱错方法，反而会让最亲爱的宝贝受伤。
12	与子同行：参与孩子的生活，为"爱"保温	设法对孩子的生活保持一定的熟悉度。

序号	教养工具	具体方法
13	与子同行：亲子合作原则	了解彼此需求＋孩子愿意配合＝亲子合作。
14	与子同行：亲子协商	协商时，要先辨识双方的需要，再寻求可满足这些需要的策略。

因每个人的个性不同，父母得花点时间来尝试，才能找到自己愿意做又方便做、宝贝也可接受的省力教养法。

总而言之，要让孩子听话就像盖大楼，得先打好地基才行。为达到这个目标，书中我们运用了四个必胜原则。

1. 建立良好关系：让孩子因爱你而愿意主动听话。

2. 互动时机评估：在亲子双方都准备好的状况下教育孩子才会有效。

3. 淡定养成术：下指令时，要先去除会干扰你淡定的因素，孩子才能"听到"你说的话。

4. 教养工具大补帖：教养也讲求适配性，所以要找出你做得到及孩子能接受的方法，才能让孩子听话。

通过这样由内而外的一系列策略，将亲子互动调整到最佳状态，在"你好·我好"的双赢关系下，让孩子愿意配合你的引导，而非正面冲突或阳奉阴违，导致你费心的教养无效。

你可能会觉得很累，我也有这感觉，不过，为了孩子能有幸福未来及良好亲子关系，投入再多时间、心力也值得，让我们一起加油！

后记

太极互动法

教养就像在跳双人舞，是亲子不断碰撞、跌倒、反省、修正和再尝试的循环历程，最终目标是找到"父母好·孩子好"的共舞节奏。这不仅是儿女的成长，更是家长的"再长大"。即使过程中少不了伤痛和泪水，仍是很珍贵的独特经历。

假使爸妈觉得小孩就是不懂事，认为在共舞时只有他需要调整，而人生阅历丰富的自己则无须改变，那极可能会面临一连串的挫败及宝贝的排斥，费心费力还惹人怨，多不值得！

我以前就犯过这样的错误，现在，当我看到来找我协助的家长有类似心态时，心头都会不由自主地一惊。想到过去无知的教养方式，带给孩子多少痛苦和无奈，更把自己搞得灰头土脸，我至今都还觉得很羞愧。

经由我亡羊补牢的改变，虽然磨灭不掉曾经对孩子造成的创伤，但仍可以尽量避免造成新的伤害，甚至还能弥补一些过去的不足。我以血泪换来的心得，即使不能全部运用在我们母子身上，但我十二万分愿意分享给所有注重教养的父母们，衷心期盼不要再有人跌到这般无知又自大的深坑之中，真的很痛呀！

常常听到爱护我的家长们的感谢话语，其实，我更感激他们！在陪伴这些亲子的过程中，我得到更多。除了再次提醒自己要持续运用专业知识外，在讨论策略的时候，我也被激发出许多与儿子互动的新方式。我深深觉得这真是个三赢的工作，来访亲子、我们母子、社会都能获益，因而坚定了我继续努力下去的决心。

很多心急的家长都会询问我，有没有能快速解决孩子问题行为的策略？

有，就是"太极互动法"！

教养是持续变动的历程，过去不好，不代表未来也不好；以前好，不表示将来是没问题的，所以亲子要时时关注彼此的状态并随之调整，才可维持在正向的关系中。

同时，我也体会到世界上没有完美的存在，白中有黑，黑中有白。因此要允许自己和孩子都有犯错的空间，把目标放在"够好"即可。这样就可为紧绷的亲子互动争取喘息空间，以迎来自然转变的那一刻。

更重要的是，亲子双方都要处在"平衡"状态中，也就是说，彼此都要包容、尊重对方与自己的不同之处，如同白的部分若擦掉了黑点，就不再是太极图的一部分了。更何况即使擦掉了，黑点的地方说不定只是由黑变成灰，问题依然存在，等于白忙一场。

有鉴于此，为了跳出精彩绝伦的双人舞，亲子双方都要修正，不能单单要求孩子改变，或父母一味讨好、委曲求全，要彼此都"愿意"移动、尝试和调整，才能找到双方都满意的平衡点。

当你看到这里时，有没有发现心更宽广了？

若是，原因之一是你看到了亲子互动的全面性，而非执着在挪动不了的小点上。此时，你已在蜕变中，正慢慢塑造出另一个不一样的自己，以及新的"亲子共舞"模式了。

要提醒你的是，担任照顾者及引领者的我们，从孩子出生起，就带着责任与关爱持续付出，不仅承担了许多辛苦，还要应付出乎预料的事件，更须随着儿女长大而调整教育方式。这使得忙碌的我们常常会觉得既疲累又无力，想放弃却又不能，因为尚未独立的宝贝仍需要我们的支持与教养。

这般再累都要硬撑的状态，就是"漏电"时刻。如果不能快速修复，渐渐地，你将遇到心有余而力不足的窘境，届时，你最恨的人会是自己。

我过去曾多次陷入这样的困境中，幸好有贵人出现，不然，我很可能就这样被打倒，再也爬不起来了。受到几次教训后，我学会了在照顾孩子的同时，也留意自己的电力是否充足，在给儿子资源的当下，也会分一些能量来顾及自己的需求。

例如，"蜡烛两头烧"的我碰到儿子闹脾气时，若觉察到自己只剩一格电力，不足以应付当下需五格电力的状况时，在孩子安全的前提下，我会强压下想立即处理的冲动，理性地督促自己去休息充电。等到我电力至少恢复到六成时，才会动手打点这件事。如此一来，我们母子都能尽量维持在平衡状态中，而主动调节的人，是身为父母的我。

经过这样的修正，我们的家庭生活由穿孔的房门、一堆摔坏的家具、不想说话且相互怨憎的二人，慢慢转变成越来越常出现笑声、母子不时会讨论电视剧情，儿子甚至还会特意去买他认为超好喝的饮料给我。

过去毫无准备的养育之路，对我来说，就像身处伸手不见五指的黑暗地牢，无计可施，也仿佛盼不到未来。幸好我持续地奋力挣扎、努力学习，终于得见远处的一片亮光，而现在正一步步接近光明。

深切期盼我翻转母子关系的实战经验能成为你的借鉴，

并引发你找出最适合你们亲子的共舞节奏，跳出独一无二、充满爱的双人舞！

幸福，不是天生的，是靠经营来的！